佛陀50問

學佛入門 Q&A

法鼓文化編輯部 編著

〈導讀〉

佛陀與佛法的現代啟示

在《中阿含經》的《阿梨吒經》中，佛陀以捕捉毒蛇比喻學佛來教誡弟子阿梨吒，提醒他錯誤地理解佛陀的教法，就像用錯誤的方法抓蛇，未受其利，反受其害。聖嚴法師也經常提醒我們，「佛法這麼好，知道的人這麼少，誤解的人這麼多」。可見學佛固然有益，但學習正確的佛法更是重要。一切佛法來自於佛陀的證悟與教導，因此正確地認識佛陀是學習正確的佛法的第一步，也是必要的基礎。

《佛陀50問》從佛典語言、佛教歷史、教義和生活實踐等面向，幫助我們正確地認識佛陀、佛陀的言教，以及學佛的正確態度與方法。本書透過問答的方式，主動而有效地澄清一些對佛教常見的誤解。《佛陀50問》用平易近人的語言介紹與解說佛法概念，對佛法有興趣的初學佛者來說，是一本必讀的入門書。另一方面，書中清楚地解說許多佛法核心觀念與根本教義，對於學佛多年的居士來說，也有研讀的必要。以下我將從本書的四個單元主題來做導讀，希望能讓讀者一窺本書的要義與精彩處。

一、認識佛陀

本單元幫助大家破除「神」、「佛」不分的迷思。讓我們認識平常禮拜的、口中所說的「佛」是誰？「佛」是什麼？從歷史角度來說，佛陀是歷史人物，生活在西元前四至五世紀的印度。佛陀有姓（喬答摩）、有名（悉達多）、有家族（釋迦），有生、老、病以及因緣和合之生命的結束（大般涅槃）。然而，從宗教意義來說，「佛」所體悟的智慧，「佛」的心識卻與凡夫迥異。「佛」是覺知萬物眞實樣貌的衆生，具有徹底破除生死輪迴無明的智慧，以及「無我」、無貪、無瞋、無癡的解脫心識，不再受三界生死輪迴的束縛。換句話說，佛陀一生的歷史事蹟，也是一個從凡夫而證成佛果的宗教神蹟。佛陀不是「神明」，佛陀也不認爲有任何神明能眞正保佑或賜福給我們。佛陀以親身體證的道理——佛法，教導我們正確地認識生命的本質與生命的意義，他親自修行的方法與歷程，便是我們可以具體學習如何祛除無明解脫煩惱的榜樣。

二、佛陀的人間淨土

本單元有助於破除一般求神或成仙的不實際追求，讓我們重視現世的生命意義，把握這一生做人的機會，累積福德、淨化心靈，以及增長智慧。從佛教的角度來說，「六道」中人道最爲殊勝，因爲在人道這個不完美、「堪忍」的娑婆世界中，一方面有足夠的苦難，讓我們產生危機意識而努力提昇自己，另一方面有佛出世，讓我們有機會學佛、成佛。佛陀建立僧團與制定戒律的目的，除了要打造一個有利於修行的團體與環境，幫助弟子在德行上打好修定與慧的基礎之外，也是爲了實踐宗教的社會責任。托缽制度的建立，讓僧團以弘揚佛法來回饋社會對於僧團的供養。佛陀從一開始帶著弟子僧團遊化的生活方式，也是爲了以佛法智慧，利益忙於生計而無暇自修的在家衆。聖嚴法師提倡「提昇人的品質」與「建設人間淨土」完全就是呼應佛陀建立僧團的用心。

三、學習佛陀有方法

本單元言簡意賅地介紹四諦、三法印、持戒、修定、修慧等最根本也是最重要的佛法，來讓大家分辨正信與非正信佛法。佛教在歷史的流傳中，不免參雜民間信仰或爲人刻意曲解。今天我們臺灣的教育體系中，有系統的佛教教育仍然相當不足，因此社會上五花八門附佛的邪說，很容易誤導想學佛或者提昇生命意義的初學佛者。如果一開始就誤入了非正信的學佛歧途，或被似是而非的非佛法觀念先入為主，不是可惜了「人身難得今已得」的機會嗎？

四、佛陀的啟示

透過回答現代人的宗教信仰上的困惑，讓我們認識正確有用且積極向上的宗教態度。正確的禮拜佛菩薩是要學習佛菩薩的智慧與慈悲，而不是對偶像的崇拜與祈求。個人的幸福與成功，是從提昇個人的智慧與情商或同理心而來，而對於偶像的祈求，不過是增加個人的貪心與依賴心。佛陀認為個人與世界的命運，掌握在個人的努力，以及正確的生命態度與生活形式。在第四十九個問答題中，認為聖嚴法師用具體的現代語言與實踐方法——心五四運動，正是呼應佛陀主張的「中道」修行。在無常而驟變的生命中預測未來，是不切實際且浪費金錢與時間的。面對個人可能的困境，甚至是全球社會與環境問題，「心五四運動」這個現代版的「佛陀的啓示」，才是最直接而實際的解答。

佛陀的教法，對我影響最深刻的啓示是「靠自己」，佛陀可能是世間所有原創宗教中，唯一要信眾「靠自己」的宗教領袖。無論東、西方宗教，大都要信眾依靠上帝或神，佛陀則是要人勇敢地靠自己修持佛法，即能像他一樣解脫覺悟，學佛成佛。

法鼓文理學院佛教學系系主任

目次

1 認識佛陀

2 佛陀的人間淨土

3 學習佛陀有方法

4

佛陀的啟示

1

認識佛陀

Question

01

佛陀是人、是佛或是神？

佛陀是印度梵文Buddha的音譯，本指覺悟者，並非專指釋迦牟尼佛。然而，釋迦牟尼佛是人類歷史上，唯一證悟成佛者，是所有佛教徒的根本老師，所以尊稱爲「本師釋迦牟尼佛」，簡稱爲佛陀或佛。

真實的歷史人物

佛陀教導衆生從生死大夢覺醒，是欲界、色界、無色界的三界導師。佛教是無神論，所謂的無神，並非否定天道的存在，而是不認爲有主宰世界的創造神，宇宙萬法皆不離緣起法。佛陀即是從緣起法明白宇宙人生實相，證悟成佛。

佛陀是佛教的教主，並非佛教的神，他是眞實的歷史人物，與我們一樣必須經歷人生的生、老、病、死。佛陀誕生於二千六百多年前的印度，爲迦毘羅衛國的釋迦族太子，成道之後，稱爲釋迦牟尼。《雜阿含經》記載，曾有一位婆羅門修行者，見到佛陀的足跡爲千輻輪相，大歎未曾見人間有如是足跡，於是尋腳印來至佛處，問佛是天神或鬼神嗎？佛陀說他自己既非天神、夜叉一類神鬼，也非一般凡人，因爲他們都是由煩惱所生，而他已斷除一切煩惱，他如白蓮花一樣，生於水中卻不受汙染，自言：「究竟生死除，故名爲佛陀。」

由人成佛，覺行圓滿

然而，世間有如是多修行者，爲何只有佛陀一人成佛呢？佛陀是「無上正等正覺」，自覺覺他、覺行圓滿。相對來說，獨覺的辟支佛，能自行覺悟解脫，卻無法爲大衆說法，所以覺行不夠圓滿。佛陀的許多弟子都是解脫阿羅漢，但以自求解脫爲主，無法如佛發大願心普度衆生，所以佛陀是人世間唯一的「無上正等正覺」。因此，大乘佛教非常重視發菩提心，要發自覺覺他的成佛之心，才能

（許朝益　攝）

成就佛道。

一般來說，如果只提及一尊佛時，通常指釋迦牟尼佛，因爲在我們這個娑婆世界住世的佛，是釋迦牟尼佛。但是原始佛教，也提到過去七佛，認爲釋迦牟尼佛是七佛的最後一位，甚至發展出二十五佛、二十八佛。從原始佛教進入後期的部派佛教後，許多部派都認爲過去、現在、未來皆有許多佛陀出現於世，其中的大衆部更認爲，除了我們所在的娑婆世界有釋迦牟尼佛，十方法界也有無數的佛陀，因而開展出大乘佛教十方三世佛的莊嚴世界。

由此可知，雖然人類歷史上，只有釋迦牟尼佛一人是佛，但是佛教不認爲只有釋迦牟尼佛能成佛，在過去、現在、未來的時空世界裡，不但皆有無量無數的佛陀，而且衆生皆具有成佛的可能性，也就是佛性。因此，即使人間僅有一位釋迦牟尼佛，但是人人都可以成爲佛陀，都能修學佛法，自覺覺他，圓滿成佛。

Question

02

人們如何尊稱佛陀？

佛陀的稱謂非常多種，除了佛陀一稱，最常見的名稱包括：

一、瞿曇、喬答摩

瞿曇是佛陀的本姓，梵文 Gautama 別譯爲喬答摩。印度釋迦族是雅利安人的剎帝利階級，傳說爲古仙人瞿曇後裔，所以釋迦族以瞿曇或喬答摩爲姓氏。因此，當時的教外人士常稱佛陀爲「沙門瞿曇」。

二、悉達多

悉達多是佛陀父王淨飯王所取的名字，梵文 Siddhārtha 意指一切都能成就。在佛陀悟道之前，姓名全稱「瞿曇（喬答摩）悉達多」，一般則稱他爲「悉達多太子」。

三、菩薩

菩薩是梵文 Bodhisattva（菩提薩埵）的簡稱，意思爲覺有情，能自覺覺他。菩薩有二說，一指佛陀從出生、修道，到成佛前的時期；二指佛陀於過去生修菩薩道的階段。

四、釋迦牟尼

釋迦牟尼的梵文爲 Śākyamuni，釋迦是佛陀的族姓，意爲能仁；牟尼則是印度對於聖人通用的尊稱，意爲寂默。因此，釋迦牟尼即是指「釋迦族的聖人」。

五、世尊

世尊的梵文爲 Bhagavat，音譯爲薄伽梵。世尊爲如來十號之一，意爲世間所尊重者、世界最尊者。世尊一詞在印度，不限用於佛教，一般用於對尊貴者的敬稱；但若用於佛教，則特指對於佛陀的尊稱。

六、釋尊

爲釋迦牟尼世尊的簡稱。

七、佛

佛經於釋迦牟尼佛說法時，常簡稱爲佛。

八、佛祖

佛祖有三種意思，一是佛陀與祖師的併稱，二是禪宗稱徹悟達成佛境界的祖師，三是民間習俗對佛陀的稱呼。

九、如來

如來的梵文爲 Tathāgata，廣義範圍，泛指一切佛；狹義範圍，則指釋迦牟尼佛，也稱釋迦如來。

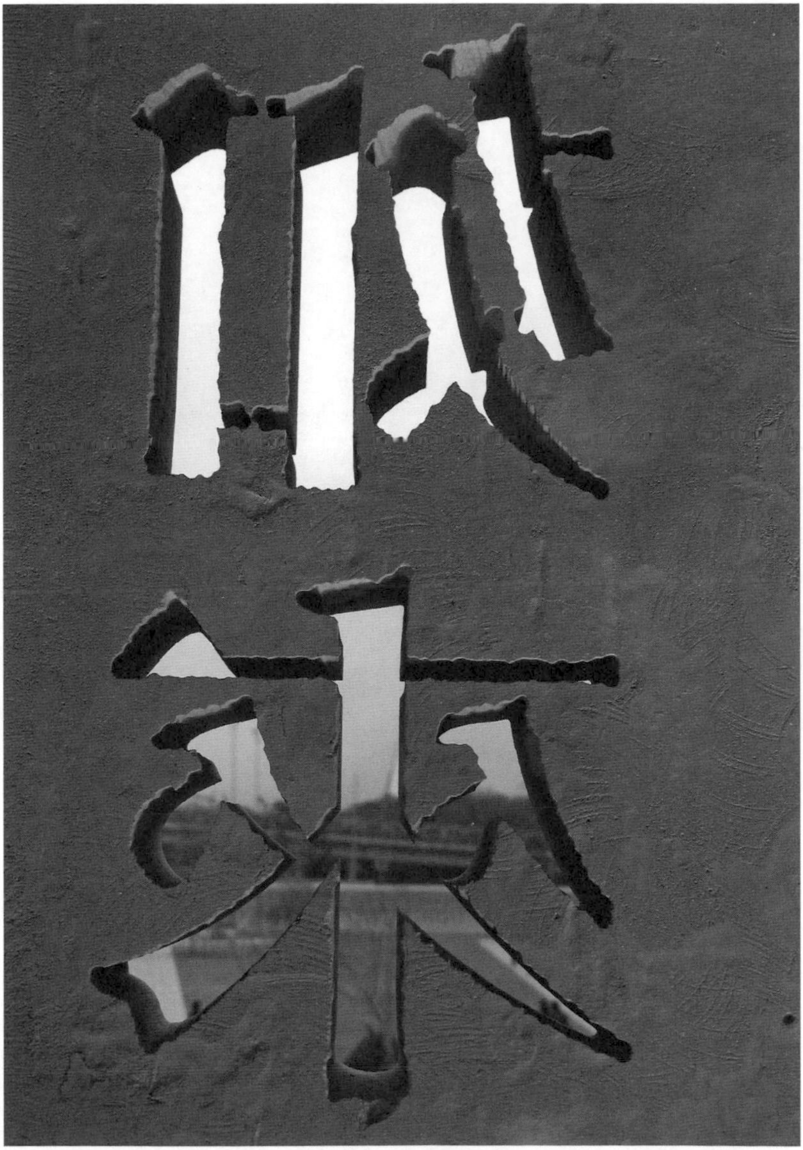

（釋常鐸　攝）

佛陀有「如來十號」尊稱，每一稱號代表一項佛德：1.如來；2.應供；3.正遍知；4.明行足；5.善逝；6.世間解；7.無上調御丈夫；8.天人師；9.佛；10.世尊。如能常稱念佛號，除可平安吉祥，也能自勉要不忘佛恩，念佛成佛。

Question

03

什麼是佛陀的本生故事？

本生故事是佛陀的前世故事，又稱為《本生經》、《本生談》，記載佛陀於往昔生中，一生又一生地以種種不同的身分和類別，歷經無數次生死輪迴，教化廣度眾生的故事。例如九色鹿、捨身飼虎、割肉餵鷹等，都是膾炙人口的本生故事。

佛陀的過去生菩薩行

佛教將佛經分為十二種類，名為「十二部」，第六部稱為「本生」。漢譯經典的佛陀本生故事，見於《六度集經》、《生經》、《譬喻經》、《賢愚經》、《雜寶藏經》、《撰集百緣經》、《菩薩本行經》、《菩薩本緣經》、《菩薩本生鬘論》等經。

（廖順得　攝）

巴利文《大藏經》的《小部》（《小尼柯耶》），由十五部經組成，其中的《本生經》與《佛種姓經》記載佛陀的過去生故事。《本生經》共收錄五百四十七個本生故事，其中以動物為故事主角的有一百五十多種。本生故事敘述佛陀用國王、商人、婦女、修行者等種種不同身分，以及象、猴、鹿、熊等種種動物身形，或救度眾生於危難，或為求法而精進，行菩薩道累積各類善業功德。

藝術文學的創作源泉

佛陀的本生故事，不但成為繪畫、雕刻的豐富題材，更是世界性通俗文學的創作源泉，發展出許多精彩的童話故事、寓言文學，如希臘的《伊索寓言》、阿拉伯的《天方夜譚》皆受影響。

Question

04

佛陀是否有像極樂世界般的佛國淨土？

佛陀有千百億化身，能示現種種身相，隨緣應現，不僅僅只在人間說法，也有如極樂世界的佛國淨土。

無勝世界是佛陀的淨土

《大般涅槃經》記載，佛陀的佛國淨土為無勝世界，莊嚴猶如西方極樂世界：「西方去此娑婆世界，度三十二恆河沙等諸佛國土，彼有世界名曰無勝。彼土何故名曰無勝？其土所有莊嚴之事皆悉平等，無有差別，猶如西方安樂世界，亦如東方滿月世界。」佛陀為了度化我們這些閻浮提眾生，所以由他的無勝世界佛國淨土來到人間說法。

眾生未證，佛不入涅槃

法尊法師譯講的《入中論講記》，也提及釋迦牟尼佛無量劫前久已成佛，卻被懷疑佛的國土為何穢惡不淨，佛因而問大眾說：「過去無數劫有因陀羅王佛，國土一切莊嚴，勝於極樂世界。彼佛為誰？」文殊菩薩不請代答：「彼佛即釋迦世尊。故佛成佛之時，距今若干時劫，實非凡夫能測。而自今以後，盡未來際，虛空界盡，眾生界盡，佛之悲願乃盡。若眾生一人未證最寂滅果，佛亦不入涅槃。」

我們所處的娑婆世界是穢土，佛陀於人間成佛，即是於穢土成佛，所以會引發佛陀沒有清淨佛土的懷疑，其實佛乘願廣度眾生，無處不是他的願力所成的佛土，沒有淨穢差別。

Question

05

佛陀教法和當時印度宗教思想有何不同？

佛陀時代的印度，雖然主流社會人們持續信仰傳統的婆羅門教，但同時已有很多人厭倦傳統信仰，而發展出兩種新潮流。

依循與對立《吠陀》思想

一是依循《吠陀》思想的本質，朝哲學領域開拓，而產生六派哲學，即是婆羅門教的哲學化；一是與《吠陀》思想對立，朝宗教領域開拓，而產生六師外道，即是反對婆羅門教的沙門團。因此，新興的哲學思想和宗教思想蓬勃發展，綜合當時各派哲學和宗教的思想，可分爲六十二種不同的見解。他們的思想大不相同，極爲複雜，如六師外道反對《吠陀》思想，所以發展爲唯物論、宿命論、實在論、懷疑論、無神論等。思想自由的沙門團，和婆羅門教的最大不同處有兩點：一在

（釋常襄　攝）

佛陀教法和當時印度宗教思想有何不同？

宇宙本體上，婆羅門教認爲宇宙由梵天神變化而來，沙門團則認爲由多數的元素所成立。二從修行的方法來說，婆羅門教以祭祀爲方法；沙門團則重視苦行。

緣起無我中道行

佛陀出家修行是爲解脫生死煩惱，如果不能解決現實人生的生死大事，再多的精妙哲學、修行方法，都是解脫的葛藤障礙，無濟於事。出生王族的他，本就精通傳統信仰《吠陀》思想，並曾隨外道禪修、苦行，甚至證得他們最高的禪定境界，但皆無法解開生命的疑惑。因此，面對當時印度衆說紛紜的混亂思想，唯物或唯神，苦行或樂行，傳統或反傳統，走向極端的各種偏激，佛陀非常清楚這些都非解脫之道。佛陀不認爲梵我一如是解脫境界，必須了悟緣起無我法，證悟無明緣起諸法緣滅，才能根本解脫，主張不苦不樂的中道修持，以此教導人們走出眞正的解脫生死煩惱之道。

Question 06

佛陀如何於菩提樹下夜睹明星悟道？

爲什麼許多修行者禪坐許多年，卻無法如佛陀悟道成佛呢？

不得菩提，不起此座

悉達多太子出家求道，不只捨離了尊貴身分、妻兒親友、王宮生活，他經歷了漫長六年苦行，始終不退失道心。無論遇到任何考驗，他總是只進不退。當他覺知苦行非究竟之道，於尼連禪河洗淨塵垢，來到畢鉢羅樹下，用吉祥草鋪成坐墊，發大誓願，若不得菩提，則不起此座。

下定大決心的佛陀，知道如果只有禪定力，沒有智慧力，將仍如過往的無數次禪坐，只能體驗輕安覺受，而無法出三界生死囚籠，他誓將證得菩提。他面對五陰魔、煩惱魔、死魔、天魔的四魔考驗，毫無畏懼，能捨色、受、想、行、識五蘊的身心執著，能捨煩惱迷惑，能捨生死恐懼，能不受斷人慧命的天魔誘惑。

諸法皆從緣起

經過七日（一說四十九日）禪坐，悉達多太子以奮勇精進的精神，克服身心內外的一切魔障，而於臘月初八，夜睹明星，悟得諸法皆從緣起，緣起性空，認識了宇宙的眞理，明白解脫衆生輪迴之苦的方法。悉達多太子悟道成佛，畢鉢羅樹成爲菩提樹，吉祥草坐墊成爲金剛座，世界依然照常運轉如昔，但是佛法的智慧光明，從此如曙光破曉，幫助衆生照破無明。

佛陀能夜睹明星悟道，並非如流星許願般憑一時運氣，而是無數的願力累積而成。如果我們禪坐前，也能如佛發願，以此堅定金剛心修道，縱然無法頓悟成佛，種種心魔必定潰不成軍、冰消瓦解，從而身心自在無礙。

Question

07

如何從八相成道看佛陀一生？

佛陀並非在兩千六百年前，生於印度後才成佛，早在無量劫以前就已經是佛了。佛陀之所以會在釋迦族投胎、出生、結婚、生子、出家、苦行、成佛、說法、涅槃，歷經這些人世成長考驗，皆爲慈悲度化世間衆生，所以才顯現「八相成道」過程。讓我們能超越生、老、病、死苦，相信「佛法在世間，不離世間覺」，相信自己也能像佛陀一樣，修行成佛。

八相成道，也稱釋迦八相，是佛陀的傳記，述說佛陀由人成佛，經歷八種重大事蹟：

一、降兜率相

先住於兜率天四千歲，見時機成熟，便乘白象，從天而下生。

（法鼓文化資料照片）

二、**託胎相**

乘白象，由摩耶夫人左脇入胎。

三、**降生相**

四月八日於藍毘尼園，由摩耶夫人右脇出生。

四、**出家相**

出遊四門，見老病死之相，觀世間無常，決心離開王宮。二十九歲（一說十九歲）時，出家學道。

五、**降魔相**

三十五歲時，於菩提樹下將成道，大地震動，放大光明，隱蔽魔宮。魔王先後派魔女與魔軍擾亂，全部反被降伏，不能加害。

六、成道相

降伏魔已，放大光明，入定悉知過去所造善惡，以及衆生死此生彼的生死輪迴過程，而於臘月初八夜睹明星悟道，成最正覺。

七、說法相

成道以後，廣爲說法，普度人天。

八、涅槃相

八十歲於娑羅雙樹下，入於涅槃。

Question

08

釋迦族親友如何隨佛陀學佛與出家？

佛陀被尊稱爲釋迦族的聖人，他回到迦毘羅衛國後，造成了空前絕後的學佛風潮。不但父王皈依學佛，八位王子隨佛出家，後來母妃更率五百位釋迦族女子隨佛出家。

釋迦族男子出家

佛陀的父王淨飯王，是師子頰王的長子，他有三位兄弟：白飯王、斛飯王、甘露飯王。淨飯王原本希望佛陀能繼承王位，結果不但孫子羅睺羅隨佛出家，幾位繼承人選的王子，也都隨佛出家，最後只餘摩訶男成爲攝政王。淨飯王不忍佛陀出家苦行，他派出的五侍者都是佛陀的親戚，結果也全成爲佛教最早出家的五比丘。

淨飯王十分不解，出家生活哪比王宮生活舒適，爲何不但佛陀甘之如飴，連王子們也迫不急待隨佛出家。當淨飯王皈依佛陀後，在頂禮佛足時，提出了此一心中疑惑。佛陀說世間的車馬是生死乘，豈能久安於世？他以法味爲道食，悲憫世間而行乞；王宮雖然護衛多，但是不如斷除生死恐懼，當下即是無憂惱悲喜的清淨道場；他以法水洗淨貪、瞋、癡三毒，快樂無比！淨飯王聞法後豁然開朗，後來也悟道證果。

釋迦族女子出家

佛陀的母妃摩耶夫人，雖然產子七日後身亡，佛陀爲報母恩，至忉利天說法三個月，助母親悟道。佛陀的姨母大愛道夫人，撫養他長大成人，不但成全兒子難陀王子出家，也帶領佛陀的王妃耶輸陀羅，及衆王族女子隨佛出家，建立了比丘尼僧團。

（許翠谷　攝）

佛陀不但度化王妃出家，唯一的兒子羅睺羅也隨佛出家，成爲僧團年紀最小的第一個小沙彌，即日後密行第一的佛陀十大弟子。佛陀的堂兄弟們因爲景仰他的修行風範，甚至相約一起出家，於是阿難、阿那律、跋提、提婆達多……，皆入了如來家。

雖然釋迦族後來因宿世業力而遭滅國，但是因著學佛修行，從血脈相傳的家族關係，轉爲傳承法脈的法侶關係，本是生死輪迴的一族，終能同得佛道解脫。

Question

09

佛陀如何面對釋迦族亡國和提婆達多叛教？

釋迦族亡國與提婆達多叛教分裂僧團，可說是佛陀晚年最沉痛的境遇。

神通不敵業力

佛陀時代的恆河流域，共有十六大國，其中的摩揭陀國與憍薩羅國與佛陀的關係最深，兩國國王頻婆娑羅工與波斯匿王，皆為重要的佛教大護法。但是，於佛陀晚年，憍薩羅國的毘琉璃王消滅迦毘羅衛國，血洗釋迦族；摩揭陀國的阿闍世王不但篡奪王位，而且併吞憍薩羅國。

佛陀已預知毘琉璃王要攻打迦毘羅衛國，但他沒有施展神通，而是靜坐在軍隊必通過的一棵枯樹下，迎接毘琉璃王。毘琉璃王出於對佛陀的禮敬，於是退

（李澄鋒　攝）

兵，如此往返三次，佛陀於是不再阻止戰爭。佛陀座下神通第一的目犍連，同爲釋迦族出身，想用神通保護族人逃過一劫，佛陀勸他打消此舉說：「今日宿緣已熟，今日正可受報。」佛陀知道業緣一旦成熟了，受報是無可免的。

為提婆達多授記成佛

佛陀的教團是在和諧無諍中，日漸成長，但因尊重自由發展，所以像提婆達多這樣的有心者，便有機可乘分裂僧團。提婆達多要求釋尊將領導僧團的權力交給他，未能如願便掀起反佛的風潮，並以神通變化和極端苦行爲號召，爭取到阿闍世王與群眾的擁護。

提婆達多不只此生處處害佛，於過去生也是如此，但是他臨終前一念善心向佛，先前並累積無數善業，佛陀因此爲提婆達多授記未來成佛。由提婆達多的惡人成佛例子，可知造惡行惡業的可懼，但也能知善行善業的功不唐捐。

Question

10 佛陀的八大聖地在哪裡？

印度朝聖最著名的八大聖地，爲佛陀一生修道度衆的所在八大處所。八大聖地出處，記載於《八大靈塔名號經》與《大乘本生心地觀經》，包括：

一、藍毘尼：佛陀誕生處

位於古印度拘利國與迦毘羅衛國之間，是摩耶夫人父親善覺王爲夫人藍毘尼所建的花園，佛陀即出生於此園無憂樹下。

二、菩提伽耶：佛陀成道處

位於古印度摩揭陀國尼連禪河邊，有菩提道樹、金剛座、摩訶菩提大塔等著名佛教聖蹟，佛陀即於菩提樹下證悟成佛。

三、鹿野苑：佛陀初轉法輪處

位於古印度波羅奈國，又稱鹿園。佛陀成道後，前往鹿野苑尋找先前同修苦行的五位侍者。佛陀初轉法輪講解苦、集、滅、道四聖諦後，五侍者皆證阿羅漢得解脫，成爲五比丘。因此，佛、法、僧三寶便圓滿具足了。

四、舍衛城：佛陀現大神通處

爲古印度大國憍薩羅國首都，國王波斯匿王爲佛教護法。佛陀於此教化長達二十五年，城內的祇園精舍爲祇陀太子與給孤獨長者共建而成。憍薩羅國是當時思想家、外道群集的重鎮，六師外道曾請求波斯匿王與佛陀較量神通，佛陀爲度化他們而現大神通。

五、僧迦舍城：佛陀從忉利天下降處

位於古印度僧迦舍城，佛陀曾至忉利天爲母親摩耶夫人說法三個月，此地即是佛陀從忉利天下降人間處。

六、王舍城：佛陀慈悲化度處

爲古印度大國摩揭陀國首都，國王頻婆娑羅王將城內的竹林精舍獻給佛陀，是僧團的第一座精舍。王舍城旁的靈鷲山，是佛陀宣講《心經》、《大般若經》、《法華經》處。王舍城附近的七葉窟，則是佛入滅後第一次經典結集處。佛陀晚年時，提婆達多與四件黨分裂僧團，佛陀即於此處令其臨終悔悟。

七、毘舍離城：佛陀宣告捨壽處

爲古印度大國，又稱廣嚴城，爲離車族所建，本地佛教徒衆多。佛陀經常到此遊行說法，許多重要佛教事件發生於此，如宣說《維摩詰經》、佛陀初制波羅提木叉戒，比丘尼僧團也是誕生於此。佛陀八十歲時至此雨安居，宣布三個月後，將捨壽入涅槃。

（陳正松　攝）

八、拘尸那羅城：佛陀涅槃處

位於古印度末羅國，為佛陀一生足跡的最後終點。佛陀接受末羅國鐵匠純陀的供養後，嚴重下痢，不得不於娑羅樹林休憩。佛陀於臨入涅槃的那夜，為弟子們開示最後的遺教，此即《佛遺教經》與《大般涅槃經》。

Question 11

佛陀造像的起源與特色爲何？

佛陀造像的起源，據《增一阿含經》記載，爲佛陀至忉利天宮爲母親摩耶夫人說法，時間長達三個月，所以弟子們都非常想念他，憍賞彌國的優塡王甚至因過度思念而病倒，群臣提議雕塑一尊與佛陀法相相當的造像，以解除國王的憂愁，於是優塡王召集工匠，以旃檀香木造作一尊五尺高的佛像。後來，憍薩羅國的波斯匿王也召集鑄像匠師，鑄造了一尊五尺的佛陀金像。此即佛像出現於世間的最早記載，但是考古上，尙未發現這兩尊佛像的實物。

佛陀造像特色

佛陀是福德智慧修行圓滿的覺者，而有「三十二相，八十種好」，佛身所具有的殊勝容貌形相，顯著易見者有三十二種，稱爲三十二相；微細隱密難見者有

（釋常鐸　攝）

八十種，稱爲八十種好。三十二相是印度公認偉大聖人所具備的殊勝容貌，包括頂上肉髻、眉間白毫、身體放光、廣長舌等隱性與顯性特徵。後世的藝術家，便以三十二相做爲塑造佛像的依據，後來化爲所有佛菩薩像的共通標準。

佛陀造像常見結跏趺坐、垂足坐、正立姿、行走姿、吉祥臥等姿勢，以及觸地印（降魔印）、說法印（轉法輪印）、禪定印、施無畏印、與願印等五種手印，表達佛陀對衆生的契機教化。

釋迦三尊

佛陀常見的佛像三尊組合有多種，其中的「釋迦三尊」有兩種說法，一是釋迦牟尼佛的法身毘盧遮那佛爲主尊，文殊、普賢二菩薩爲脇侍組合，也稱「華嚴三聖」；二是釋迦牟尼佛爲主尊，觀音、地藏二菩薩爲脇侍組合，也稱「娑婆三聖」。此外，三世佛如釋迦佛、藥師佛、阿彌陀佛的組合；一佛二弟子的組合，阿難與迦葉雙賢弟子隨侍佛側，皆是常見的造像組合方式。

佛弟子禮拜佛像，可透過觀想佛陀的慈悲容顏、莊嚴的名號、殊勝的功德等，找到心靈安定的力量和生命追尋的目標。

Question 12

浴佛節從何而來？

爲什麼釋迦牟尼佛誕辰要舉行浴佛典禮，並稱爲浴佛節呢？據說佛陀誕生時，有九龍（一說爲二龍）吐水爲他沐浴，後世因而每逢佛陀誕辰，都會依此典故舉行浴佛活動。

天上天下，唯我獨尊

佛陀出胎之後，自行七步，一手指天、一手指地說：「我於一切天人之中最尊最勝，無量生死於今盡矣，此生利益一切人天！」話說完後，又恢復如一般嬰兒狀態。佛陀之所以認爲「天上天下，唯我獨尊」，並非以爲自己偉大，而是因爲「天上天下，唯佛最尊」，所有衆生皆有佛性。如佛陀曾說：「天上天下無如佛，十方世界亦無比，世間所有我盡見，一切無有如佛者。」佛陀已經歷漫長的三大阿僧祇劫修行圓滿，即將在人間成佛，所以不論人間或天上，再也沒有勝過他的人了。

浴佛法會感念佛恩

後世為紀念佛陀於出生時，就確定了成佛的身分，所以每逢誕辰，便模擬九龍吐水為他沐浴，表示感念佛德，願意接受法水洗滌。因此，浴佛節所用的佛像，為一手指天、一手指地的嬰兒相。浴佛法會並唱誦〈浴佛偈〉：「我今灌沐諸如來，淨智莊嚴功德聚，五濁眾生令離垢，同證如來淨法身。」大眾們一起排隊浴佛。

中國自東漢末年起，就有浴佛的記載，魏晉南北朝時期的浴佛風氣十分興盛。然而浴佛節的日子，因為各地曆法轉換而有差異，例如南傳佛教是五月的月圓之日，藏傳佛教是四月十五日；漢地在三國至北朝時期是四月八日，南朝梁到

（李東陽　攝）

唐代是二月八日，北宋時是十二月八日，到南宋又變爲四月八日。佛誕日的日期，一直到元代《敕修百丈清規》的修訂，才逐漸統一爲四月八日。

而在臺灣佛教徒的努力下，自西元二〇〇〇年起，佛誕日與母親節併於五月的第二星期日成爲國定紀念日。由於浴佛節與母親節的結合，使得這一天成爲充滿感恩的日子，除了感恩母親，也感念佛陀的恩德。

Question 13

佛陀成道日爲何要吃臘八粥？

臘八粥也稱爲八寶粥、佛粥，中國農曆十二月是臘月，臘月初八是佛陀成道日，所以臘月初八煮粥供佛，成爲了佛教的傳統文化。

牧羊女供養乳糜的助道因緣

印度的悉達多王子，爲尋找生命的眞理，捨棄王位，出家修道，在苦行林精進坐禪六年，過著極端苦行的生活，每天只吃一粒麻、一粒麥，即使餓到瘦骨如柴、不成人形，仍無法解脫煩惱束縛。因此，悉達多王子放棄了苦行，來到尼連禪河畔準備沐浴，卻不支倒地，幸得牧羊女供養乳糜，而得以恢復體力，於菩提伽耶菩提樹下繼續用功。

悉達多王子發願如果不成正覺便不起於座，經過七天七夜的禪觀，終於在臘月初八悟道，佛教徒便以這天做為佛陀成道的紀念日，而牧羊女所供養的乳糜，便成為佛教徒臘八吃粥的緣起。

臘八施粥與臘八攝心

佛教東傳後，佛陀成道的故事逐漸與漢文化的臘祭結合，直到南北朝時，才正式將十二月初八訂為「臘八節」。宋代以後，民間開始流行吃臘八粥，及至當代，佛寺仍維持臘八施粥的傳統，並舉行「臘八施粥祈福法會」，以臘八粥與信眾結緣，展現佛法平等普施、慈悲濟物的精神。

由於佛陀成道的因緣，很多念佛或禪修的道場，都會在歲末舉行精進佛七或禪七，並將圓滿日安排在十二月八日，希望行者以佛陀悟道的因緣自我惕勵，收攝身心，體驗佛陀證道的心境與修行歷程，於精進共修期間，證悟佛果。

Question

14

爲何佛陀認爲人人皆可成佛？

釋迦牟尼佛成佛時，曾經大歎說：「奇哉！奇哉！無一衆生而不具有如來智慧，但以妄想顚倒執著而不證得。」一切衆生既然都具有如來智慧，人人都有本具的佛性，爲何衆生不是佛呢？

衆生皆有如來寶藏

衆生未能成佛，即在於被「妄想顚倒執著」所障蔽，只看得到自己的煩惱，而看不見自己本具的佛性。佛陀於《如來藏經》說：「我見衆生，種種煩惱，長夜流轉，生死無量，如來妙藏，在其身內，儼然清淨，如我無異。是故佛爲衆生說法，斷除煩惱，淨如來智，轉復化導一切世間。」佛陀認爲衆生皆可成佛，皆有如來寶藏，與佛無異，只是困於煩惱，所以佛要說法度衆生，了斷煩惱。

（釋常鐸　攝）

迷即眾生，悟則成佛

所謂「迷即眾生，悟則成佛」，如果我們能信佛、學佛，透過修持戒、定、慧三學，不被貪、瞋、癡三毒煩惱所困，煩惱心就能恢復爲清淨心，與佛心的智慧無分別。

Question

15

佛陀未曾離開過印度，佛教如何成爲世界性宗教？

佛教、基督教、伊斯蘭教並稱爲世界三大宗教，是全球教徒最多的宗教信仰。要成爲世界性的高級宗教，必須具備三大條件：教主、教理、教團。以佛教來說，佛陀是教主，佛說的經教是教理，代代相傳的僧團是教團，佛、法、僧三寶是佛教的信仰根本，佛教擁有二千六百多年的悠久歷史，不但深入東方社會文化，也影響西方世界探索生命。

佛陀一生弘法足跡雖未曾離開印度，但是隨著僧俗四衆弟子的共同努力，讓佛法能弘揚四海。阿育王是一關鍵性角色，他統一了印度，被認爲是印度史上最偉大的國王，以強大的國力護持佛教。阿育王除在全國各地興建八萬四千個寺院和佛塔，並向周邊國家派出許多傳教團，讓佛教自此得以成爲世界性宗教。

相對於南傳佛教，漢傳佛教與藏傳佛教，合稱爲北傳佛教，佛教的傳播可分爲三大路線：

漢傳佛教：西元一世紀，大乘佛教從印度北部發展，由新疆沿絲路傳入中國，再傳入韓國、日本，以及中南半島的越南。

南傳佛教：西元前三世紀，阿育王派高僧從海路將佛法傳入斯里蘭卡，再傳入中南半島的緬甸、泰國、寮國、柬埔寨等國，以及雲南，爲上座部佛教系統。

藏傳佛教：西元七世紀，佛法由印度經喜馬拉雅山傳入西藏，再傳入蒙古。

隨著佛教的快速傳播，佛陀的弘法足跡也隨之傳入歐美，遍及全球，特別是無遠弗屆的數位科技，讓世界各地人們，隨時隨地都能聆聽佛陀的法音，體驗美好的人間淨土。

（梁忠楠　攝）

2

佛陀的人間淨土

Question

16

爲什麼佛陀不在天上成佛，要在人間成佛？

佛陀在忉利天爲母親摩耶夫人與三十三天天衆說法後，天帝釋提桓因請教佛陀，應用人間或天界食物供養如來？佛陀回答：「可用人間食物供養如來，因爲我身生於人間、長於人間，於人間得佛。」釋提桓因又問應用人間或天上時間爲用餐時間，佛陀回答：「以人間的時間爲準。」

佛世尊皆出人間

諸佛菩薩的佛國淨土，皆依願力所成就，佛陀發願人間成佛，度化穢土衆生，所以人間即是佛陀所要成就的轉染成淨的淨土世界。《增一阿含經》說：「佛世尊皆出人間，非由天而得也。」六道只有人間能修行成佛，因爲三惡道：地獄、餓鬼、畜生，皆苦到無法修行，而三善道：天道、人道、修羅道，天道、修羅道的福報過大，安於逸樂無心修行，只有苦樂參半的人道最適合修行，能同時發菩提心與出離心。因此，人道的修行條件，不但適合成佛，根器也適合理解佛陀所說的法，依此因緣，成爲佛陀所要度化的衆生，將穢土轉爲淨土。

所有人都是未來佛

佛陀所在之地，即是佛國淨土，如《維摩經》中有段故事，佛陀用腳趾一按地，弟子們所見世界即是淨土，但是當佛陀收回神通力後，弟子們所見又是娑婆世界，仍是穢土而非淨土。由此可知，淨土與穢土的差別，不在於外境，而在於心境，如果心清淨，所見的即是淨土，心不清淨，所見的即是穢土。佛陀認爲世間衆生雖然還困在無明煩惱與生、老、病、死中，但是都能與他一樣證悟成佛。因爲他看到所有人皆有佛性，所有人都是未來佛，只可惜衆生爲無明煩惱遮覆，所以不知道自己是佛。我們如能用心信佛學佛，當煩惱煙消雲散後，便能見佛光普照世間。

（釋常鐸　攝）

Question

17 佛陀的教法爲何要以人爲本？

佛陀出現在人間，是以人類爲主要的教化對象。佛陀爲讓人們覺悟生死，所以降生在人間，成佛在人間，三藏十二部經典，皆是爲覺醒人心而說。因此，佛陀的教法必須以人爲本，提昇人品以淨化人間，不能神鬼化、世俗化，違背因果與倫常原則。

近現代中國佛教的大師們，依著佛陀的教法，提倡以人爲本的佛教精神，而有人生佛教、人間佛教、人間淨土等思想與運動的開展，透過人間化、生活化、現代化的修行方式，讓佛陀教法能落實於人間的現實生活。

人生佛教

人生佛教為太虛大師所主張，曾著作《人生佛教》一書。由於傳統中國佛教重視死與鬼，太虛大師認為應當改變佛教積弊，要重視現實的人生，不重死而重生，不重鬼而重人。〈即人成佛的眞現實論〉一文說：「仰止唯佛陀，完就在人格。人圓佛即成，是名眞現實。」由人生成佛，為太虛大師人生佛教的理念。

人間佛教

人間佛教為印順長老所主張，依《增一阿含經》所說「佛世尊皆出人間，非由天而得也」，認為佛在人間，唯有成就人道才能成佛。如果佛教信仰偏重鬼，會成鬼教；如果偏重神，會成神教；眞正的佛教應回歸佛陀本懷，回到人間佛教，才是正確的發展方向。

（李東陽　攝）

人間淨土

人間淨土主張也是出自太虛大師，他曾撰寫〈建設人間淨土論〉一文說明理念藍圖，但是其構想與現代佛教所推廣的人間淨土大為不同。太虛大師希望能在中國境內找到佛教專用地，如佛經所說的淨土世界做實際建設，營造人人行十善道的環境。而現代的人間淨土思想，雖也秉持《阿含經》、《維摩經》、《法華經》等佛經教法，但在實際實踐上，重視心淨國土淨，一念得清淨，當下即淨土；念念清淨，處處淨土。希望透過自利利人的菩薩精神，先淨化個人身心，進而達到全面淨化社會、淨化世界，成就人間淨土。

Question 18

佛陀爲何不繼位爲王，而要出家成佛？

佛陀出生時，淨飯王曾請阿私陀仙人看相，希望知道他未來的命運。仙人預言悉達多太子如不出家成佛，必可成爲轉輪聖王。而當佛陀在菩提樹下即將證道時，魔王誘惑他說，只要放棄成佛，便讓他成爲可支配世界的偉大國王。無論是世間的國王，或是天界的梵王，這些權勢地位皆不能動搖佛陀修行成佛的決心。

轉輪聖王無法解脫生死

佛陀的生性仁慈，如果繼承淨飯王的王位，一定能愛民如子。但是他之所以排除萬難出家，便在於發現所有的人皆不免生、老、病、死苦，即使是一國之王、轉輪聖王，也無能爲力，所以希望能找到滅苦的方法，不再生死輪迴。

轉輪聖王是印度傳說中的理想國王，能隨輪寶飛行自在，能兵不血刃，讓敵軍不戰而降，接受輪王的仁政統治。然而，再厲害的輪寶也只能止戰，無法滅除生、老、病、死苦，想要出生死、了煩惱，必須依靠法輪。

佛陀轉法輪息苦輪

所謂的轉法輪，即是演說佛法，當佛陀說法轉動法輪，無邪不摧，無魔能敵，能轉煩惱爲智慧、轉生死爲解脫、轉凡夫爲聖者。因此，當我們實踐佛陀教法，便能止息煩惱、解脫生死，邁向轉凡成聖的成佛之道。

（周淑瑛　攝）

Question

19

佛陀成佛後本來無意傳法，爲何改變心意？

佛教徒在讀誦經典前，都會先持誦〈開經偈〉：「無上甚深微妙法，百千萬劫難遭遇，我今見聞得受持，願解如來眞實義。」除表示禮敬佛經的心意，也勉勵自己要珍惜聞法的機緣。

諸天勸請轉法輪

佛陀初成道時，曾猶豫是否保持緘默，因爲他所證悟的緣起妙法，非凡人所能了解，只有諸佛才能了知。佛陀甚至認爲，既然眾生根性法不契機，說法無益，不如直接入涅槃。

幸好梵王一得知佛陀的想法，即率天眾前來勸說。經過反覆三次的勸請後，佛陀以法眼觀察世間，知衆生學法的根機可分爲三大類：一是已知正法，必定證悟者；二是不求正法，無法證悟者；三是須待因緣而悟者。

佛陀見須待因緣而悟者，只要給予說法助緣，即能轉迷爲悟，於是心起大悲說：「我本欲爲此等衆生，轉於法輪，故出於世。」因此，佛陀出甚深禪定，爲世人大轉法輪。

人身難得，佛法難聞

然而，當佛陀思考該從哪個人度化起，誰比較容易很快了悟佛法，他首先想到的是仙人阿羅邏迦藍，可惜已於七日前去世，接著他想到仙人鬱陀迦羅摩子，結果也剛去世了，這兩位曾教導他禪定的老師，都無緣聽聞佛法。接著，佛陀想到了昔日和他一起苦行的五位侍者，終於在鹿野苑轉動法輪，讓佛法慧光，得以普照世間。

（鄧博仁　攝）

如同古德所說：「人身難得今已得，佛法難聞今已聞，此身不向今生度，更向何生度此身？」我們要珍惜百千萬劫難遭遇的聞法福報，切勿蹉跎人生，後悔莫及。

Question

20

佛陀如何建立佛教教團？

佛陀成道之後，便遊化度衆於恆河南北的兩岸，許多弟子們追隨佛陀修行，聚居生活，自然而然，便形成了佛教的教團。

佛教教團稱爲僧伽，意思爲和合的大衆，由七衆弟子所組成。七衆的界別，根據所受持的戒法而定：

1. **比丘**：出家已受具足戒的男性弟子。
2. **比丘尼**：出家已受具足戒的女性弟子。
3. **式叉摩尼**：受持六法，由沙彌尼進入比丘尼階段中的女性出家弟子。
4. **沙彌**：出家仍未受具足戒的男性弟子。
5. **沙彌尼**：出家仍未受具足戒的女性弟子。
6. **優婆塞**：受持三皈五戒的在家男性弟子。

（法鼓文化資料照片）

7.優婆夷：受持三皈五戒的在家女性弟子。

佛陀度化五比丘，爲教團成立的開始，之後經阿難尊者再三請命，佛陀同意讓姨母大愛道和釋迦族五百位女衆出家，爲最初的比丘尼僧團。因著佛陀兒子羅睺羅尊者出家，僧團有了沙彌；因有未成年女子出家，增加沙彌尼；爲免發生女子懷孕後出家，而有式叉摩尼。在家信衆受持三皈五戒，即是優婆塞、優婆夷。在佛教護法的任務上，出家衆爲內護，在家衆爲外護，共同護持正法。

在佛陀時代，佛教雖有教團的型態，卻無教會的組織，教團建立於戒律的基礎上，三皈五戒者是在家衆，十戒是出家的小衆，比丘戒是出家的大衆，而以比丘爲僧團的中心。比丘尼、沙彌、沙彌尼與男女居士，都依比丘爲核心，受比丘的保護、指導和教養，所以教團屬於倫理的型態。

Question

21

佛陀爲何要過托缽乞食的生活？

佛教的比丘又稱乞士，原因有二，一爲向人間乞食，以養身命；另一爲向三寶乞法，以養慧命。

內弘外化為比丘

曾有一位婆羅門乞食時，看到佛陀持缽入舍衛城，心想佛陀和自己一樣家家乞食，所以他和佛陀都是比丘。結果佛陀回覆他說：「所謂比丘者，非但以乞食，受持在家法，是何名比丘，於功德過惡，俱離修正行，其心無所畏，是則名比丘。」由此可知，托缽乞食者不能名爲比丘，必須要內弘外化，勤修佛道正行。

一鉢千家飯

佛陀規定比丘必須向人間托鉢，藉此機會將佛法的理念和精神，以及佛教徒的生活軌範，如五戒、十善，傳播擴大到人間，所以稱他們爲遊化人間的「人間比丘」。托鉢也稱爲化緣，即是以此方式來接引與佛法有緣的人們。所謂「一鉢千家飯」，出家人透過托鉢乞食，讓所有的人都能有供養機會，有緣學佛，並培養福報。在家信衆供養出家人飲食，出家人則布施佛法給在家信衆，讓佛法得以普傳世間。

Question

22

爲什麼佛陀不用神通傳教濟世？

古印度的婆羅門教，盛行咒術，講求神通，所以佛陀在那難陀城遊化時，曾有一位名爲堅固的居士，提議可請比丘在大衆前施展神通，一定能讓人們更加敬信佛陀。雖然堅固不斷地再三請求，卻全被拒絕了。

三種神通

佛陀說：「我從來不讓比丘對在家人展現神通，我只教導他們安靜地思惟解脫之道，若有所成就，應當隱藏，不需宣揚，若有過失，則應自我舉發，懺悔改過。」

佛陀以三種神通：神足神通、他心神通、教誡神通，清楚說明原因。無論是比丘施展神足神通，如空中飛行、隱身穿牆、水上行走、直達梵天等，或是施展他心神通，得知他人心念，人們都會說他是仰賴神咒而現神通，這樣不但無法達到弘揚正法的目的，反成一種毀謗。佛陀知道展現神通的缺失，所以既不喜歡，也不重視，拒絕以弘法爲目的展現神通。

聞法心清淨

佛陀只教導比丘教誡神通，如來具足十號德行，能以自身作證爲衆生說法，無論對象是上、中、下根，所說皆悉眞理，義味清淨，梵行清淨。能讓居士聞法後生信心，自覺不應繼續過著煩惱不淨的在家生活，應當出家修道，滅一切煩惱，生圓明大智。

由此可知，佛陀不用神通傳教濟世，只以正法教人如實修行。

（李佳純　攝）

Question

23

佛陀要哪幾位羅漢弟子不許涅槃，永住世間守護正法？

佛陀曾指定幾位出家弟子不許涅槃，必須永住世間，守護正法，所以他們仍活在世間。常見的說法有兩種，一是囑咐四大弟子，二是囑咐十六羅漢。

四大弟子留形住世

四大弟子爲：摩訶迦葉、君屠鉢漢、賓頭盧、羅睺羅，此據《增一阿含經》，佛陀曾特別交代迦葉尊者，希望他和另外三位羅漢，在佛陀涅槃後能住於世間，不要涅槃，並要他等待彌勒佛出世。因此，迦葉尊者前往摩揭陀國界內毘提村山裡，守著佛陀袈裟入定，衆鬼神因感佛陀恩德而爲他開門，稱爲迦葉禪窟。

十六羅漢為眾生福田

賓頭盧尊者在四位留形住世羅漢裡，有一特別插曲。賓頭盧尊者因愛在大眾前施展神通，而遭佛陀斥責，處罰他不准入涅槃，護持正法勿令滅。佛陀要求賓頭盧要廣受供養，只要有人設「千僧齋」，他就必須出席應供，人們也可在家供養他，培養福報，所以他被尊稱爲「福田第一」。

十六羅漢的說法，則是根據《大阿羅漢難提蜜多羅所說法住記》（簡稱《法住記》），包括：1.賓度羅跋囉惰闍尊者（即賓頭盧尊者）、2.迦諾迦伐蹉尊者、3.迦諾迦跋釐墮闍尊者、4.蘇頻陀尊者、5.諾矩羅尊者、6.跋陀羅尊者、7.迦理迦尊者、8.伐闍羅弗多羅尊者、9.戍博迦尊者、10.半託迦尊者、11.囉怙羅尊者、12.那伽犀那尊者、13.因揭陀尊者、14.伐那婆斯尊者、15.阿氏多尊者、16.注荼半託迦尊者。十六羅漢領受佛陀遺命永住世間，受世人供養，爲衆生福田。

Question

24

佛陀如何看待他在僧團的角色？

佛陀是佛教的教主，在僧團中的地位，自然無人能比。但是，佛陀和一般團體領導人不同，從不視自己爲僧團領袖，他曾於《遊行經》告訴弟子阿難尊者：「如來不言：『我持於衆，我攝於衆。』」佛陀認爲自己是僧團的一員，而非領導者，一樣依大衆住，依僧團處事。

佛不領眾，佛在僧中

佛陀在僧團裡，不享有特別待遇，與所有僧人一樣是三衣一缽，每日清晨親自外出托缽，不讓他人代勞。六和敬是僧團的共同生活原則：身和同住、口和無諍、意和同悅、戒和同修、見和同解、利和同均，佛陀也是依此原則而活，與僧衆生活作息無異。

（梁忠楠　攝）

團體領導人往往都會建立威信，避免質疑，不讓他人威脅自己的地位，挑戰自己的權威。佛陀卻總是要求弟子，必須仔細地觀察他言行，如有任何疑惑都可以盡量提出，如此隨佛修行，才不會是盲目地追隨，而能確認堅定的正信。

無指定接班人

佛陀不視自己爲僧團的領導人物，所以他也沒有指定接班人的想法。佛陀於《遊行經》勉勵弟子：「當自歸依，歸依於法，勿他歸依。」修行要依靠自己、依靠佛法得解脫，不能依靠他人。由於佛陀未建立嚴密的教團組織，也未指定接班人，而是讓弟子離開他，分別到各地弘揚佛法，所以佛教不會發生爲爭教主地位而爭權奪利，能依六和敬，維持和合僧的和樂互敬，代代相傳迄今。

Question

25

佛陀到過哪些地方遊化弘法？

佛陀時代的印度，有十六個強盛的王國，稱爲十六雄國，其中的憍薩羅國和摩揭陀國兩大強國，是佛陀一生最常遊化的國家。憍薩羅國位於恆河北方，摩揭陀國位於恆河南方，皆國富民強、思想自由，容易接受新觀念、新文化，適合宣揚佛法。

摩揭陀國與憍薩羅國兩大弘化中心

佛陀最先選擇摩揭陀國開始弘化，因佛陀不但認識頻婆娑羅王，而且他是思想開放的君王，鼓勵新宗教發展，再加上傳統婆羅門教在此地的影響力較小，所以非常適合佛教發展。佛教初期的二、三年，以摩揭陀國爲發展地，隨著信衆擴大，逐漸朝北方開拓成長。

（陳正松　攝）

佛教成立教團五、六年後，重心移向印度北方的憍薩羅國。由於佛陀的母國迦毘羅衛國是憍薩羅國的附屬小國，憍薩羅國波斯匿王原本不太敬重佛陀，直到他信仰佛教後，佛教發展情勢日漸好轉。此外，也因爲憍薩羅國的異教外道衆多，僧衆常受壓迫，佛教教團發展二十多年後，憍薩羅國才成爲佛法重地。

佛陀歷年住所地點

《僧伽羅剎所集經》列記的佛陀歷年雨安居的住所地點如下：第一年在波羅奈國；第二、三年在王舍城旁靈鷲頂山；第五年在毘舍離；第六年在王舍城旁摩拘羅山；第七年在忉利天；第八、十一、十三年在鬼神界；第九年在憍賞彌國；第十年在枝提山；第十二年在摩揭陀國；第十四年在舍衛國祇樹給孤獨園；第十五、十六年在迦毘羅衛國；第十七、十八、二十年在王舍城；第十九、二十一年在舍衛城旁的柘梨山，而後在鬼神界四回，舍衛城十九回，最後的第四十五年則在跋祇境界的毘將村安居。

佛陀遊化弘法的範圍，皆在恆河流域附近，最北到達迦毘羅衛國，最東到達央伽國的瞻波城，最西到達憍賞彌國，最南到達摩揭陀國的王舍城。雖然佛陀已入涅槃，但只要我們持續轉動法輪，依八正道前行，便是隨佛而行。

Question

26

佛陀時代有哪些講經說法的重要精舍？

自佛教第一座竹林精舍建立起，許多護法便陸續供養僧團精舍，以便佛陀能說法度眾，僧眾也能安心辦道。透過這些精舍，許多重要佛典因而得以法音流傳，而這些精舍的成就因緣，也有許多動人的故事。

一、竹林精舍

位於摩揭陀國王舍城外的耆闍崛山中，地面平坦嚴淨，是佛陀的第一個精舍道場。精舍又稱迦蘭陀精舍，為迦蘭陀長者奉獻竹林，由頻婆娑羅王建造精舍而成。竹林精舍與祇園精舍為佛教最早的二大精舍，佛陀在世時，多居於此說法教化。竹林精舍與祇園精舍、靈鷲精舍、菴羅樹園精舍、大林精舍，合稱為天竺五精舍。

（陳正松　攝）

二、**祇園精舍**

位於憍薩羅國的舍衛城，是佛陀時代規模最大的道場。祇園精舍又稱祇樹給孤獨園、黃金精舍，為波斯匿王的祇陀太子和給孤獨長者所共同捐獻。佛陀後半生在此安居長達二十多年，現今流傳的經典，約有七、八成都在此處講說而成，如《阿彌陀經》、《金剛經》。

三、**鹿野精舍**

位於波羅奈國，鹿野苑是佛陀初轉法輪處，度化五比丘，建立僧團。佛陀常於此教化眾生，當僧團日漸茁壯成長至六十多人後，佛陀便要弟子們到各地弘法利生。

四、**鹿母講堂**

位於憍薩羅國的舍衛城，非常莊嚴富麗，僅次於祇園精舍。佛陀住於舍衛城期間，常在講堂說法。講堂爲一名毘舍佉的女居士所護持，人們稱她鹿子母，她經常發心行大布施，護持僧團，佛陀曾特別爲鹿子母宣說八關戒齋。

五、靈鷲精舍

靈鷲山又稱耆闍崛山，《大般若波羅蜜多經》、《妙法蓮華經》、《無量義經》等經，皆於靈鷲山宣講，佛教有「靈山勝會」一說。佛陀遊化最常出入王舍城，住在靈鷲山，靈鷲精舍是佛陀在王舍城時，除了竹林精舍，最常居住處。

六、菴羅樹園精舍

位於跋祇國的毘舍離城，爲菴羅樹女所供養，佛陀曾於此說《維摩詰經》。

七、大林精舍

位於跋祇國的毘舍離城，此林無人種植，自然天成，林區遼闊，故稱大林。

大林精舍又稱獼猴池精舍、重閣講堂、高閣講堂。佛陀即於此允許釋迦族女性出家為比丘尼，並於八十歲時，在此預告三個月後入涅槃。

Question
27

佛經都是佛陀所寫的著作嗎？

佛經並非由佛陀所著作完成的，佛陀在世說法時，並未用文字記錄，皆爲口誦相傳。直到佛陀入滅後九十天，爲了便於流傳佛法，弟子們才開始進行結集，合誦佛陀的教法內容。

佛經的由來

第一次的佛經結集，由大迦葉尊者主持，地點爲靈鷲山下王舍城的七葉窟，共有五百位比丘參與，也稱王舍城結集或五百結集。由阿難尊者結集「經」、優婆離尊者結集「律」，富樓那尊者在窟外所結集的則是「雜藏」。第二次的佛經結集，在佛陀入滅後約百餘年，由耶舍長老發起，地點爲毘舍離，共有七百位比丘，也稱七百結集。第三次的結集，由阿育王禮請目犍連子帝須尊者於華

須菩提。於意云何。可以身相
見如來不。不也。世尊。不可以
身相得見如來。何以故。如來
所說身相。卽非身相。佛告須
菩提。凡所有相。皆是虛妄。若
見諸相非相。卽見如來。
須菩提白佛言。世尊。頗有眾
生。得聞如是言說章句。生實
信不。佛告須菩提。莫作是說。
如來滅後。後五百歲。有持戒
修福者。於此章句。能生信心。
以此為實。當知

（李東陽　攝）

氏城主持，共有一千位比丘參與，此時佛經才眞正有文字的結集。

佛經的內容

佛陀在佛經說了什麼呢？佛經的內容，依不同文體可分爲十二部：

1. 契經：散文體裁的長行。
2. 重頌：散文之後，以韻文詩歌體裁再表達一遍。
3. 孤起頌：單獨發起的偈頌。
4. 因緣：佛經開頭常有一段敘述請法、說法的因緣。
5. 本事：佛陀弟子們於過去生的種種因緣經歷。
6. 本生：佛陀於過去生修行菩薩道階段的種種事蹟。
7. 未曾有：佛陀顯現種種神通的不可思議事項。
8. 譬喻：用故事寓言的題材，說明甚深的佛法義理。
9. 論議：論辯說理的形式。

10.無問自說：不須弟子請法，而佛陀主動說法。

11.方廣大乘：佛陀所說方正廣大，衆生皆能成佛的經文。

12.授記：佛陀爲弟子及菩薩們預告何時成佛、佛名爲何、佛國何名。

我們雖然無法親耳聽聞佛陀說法，但是透過讀誦佛經，能讓我們回到佛陀的說法時空，與衆阿羅漢一同信受奉行佛陀教法智慧。

Question

28

哪些經典記載佛陀的最後教化？

《遊行經》、《大般涅槃經》、《佛遺教經》這三部經典，都是以佛陀的涅槃為題材，或以此為契機，記載佛陀入涅槃前的法教，以及相關的事蹟，可說是佛陀涅槃前的珍貴開示。其中，南傳《大般涅槃經》內容與《長阿含經》的《遊行經》相當，與法顯法師、曇無讖法師所翻譯的北傳《大般涅槃經》完全不同。

《佛遺教經》的特點

《佛遺教經》與南傳《大般涅槃經》相比，同樣強調理解四聖諦的重要，並提出戒律、禪修、智慧的次第修行，但是《佛遺教經》的文字簡短，對象也僅限於僧團弟子。

佛陀對教法的總結

三部經典記錄的佛陀說法時間長短也不同，《遊行經》和《大般涅槃經》記錄的是佛陀涅槃前一年多的遊化；《佛遺教經》只提到佛陀在娑羅雙樹間即將涅槃的開示法要，沒有《大般涅槃經》裡描述佛陀最後一年多弘化的場景敘述。透過這三部經典，能讓我們看到佛陀對教法的總結，悲心無限的叮囑，眞正的盡形壽、獻生命。

Question

29

阿難尊者在佛陀入滅前，提出哪四個問題？

佛陀一生說法，認爲該度的衆生已度，既然化緣已盡，住世無益，於是在八十歲那年的二月十五日，於拘尸那羅城的娑羅雙樹間涅槃，示現入大涅槃。

在佛陀入滅前，阿難尊者請教了最後四個問題，佛陀一一慈悲回答。第一個問題：「佛在世時，我們以佛爲師；佛去世後，以誰爲師？」佛陀回答：「以戒爲師。」第二個問題：「佛在世時，我們依佛而住；佛去世後，依何而住？」佛陀回答：「依四念處住。」第三個問題：「佛在世時，惡性比丘有佛調服；佛去世後，用什麼方法對治他們？」佛陀回答：「不要理會。」第四個問題：「佛入滅後，結集經藏時，以何爲首讓人起信？」佛陀回答：「一切經首，當置如是我聞，一時，佛在某處，與某大衆若干等語。」

（釋常鐸　攝）

阿難尊者在佛陀入滅前，提出哪四個問題？

Question

30

如何回歸佛陀本懷，轉人間穢土為淨土？

人間佛教即是佛陀本懷，佛陀出世的目的，即是為解世間眾生疾苦，所以佛陀說過去、現在、未來的三世諸佛，皆以人間身在人間成佛，成佛之後，仍以人類為主要對象，說法教化。

讓佛教重新走入人間

然而，傳統中國佛教的發展，卻遠離了佛陀度眾的初衷，不重視人間生活，失去了人間性、生活性，而為世人所詬病。近代的佛教改革家太虛大師，認為中國佛教是大乘的理論，小乘的行為，意即重於高談理論，卻疏於實際關懷，實非佛陀創立佛教的本懷，所以他提倡人生佛教、人間淨土，希望真正把握佛陀的根本教法與化世的精神，讓信眾回歸佛陀本懷，讓佛教重新走入人間。

智慧與慈悲自利利人

佛法必須應用在日常生活裡，人人皆可活用佛陀妙法離苦得樂，方爲佛陀降世說法的本懷。欲回歸佛陀本懷，修行便要落實佛教的兩大化世功能：一是以智慧來消融自己的煩惱；二是以慈悲來救濟他人的苦難。

菩薩的精神在於捨己而利人，而學佛就是要學佛發菩提心，願發利益救濟一切衆生之心。從捨己利人的過程，漸漸消融自我中心的種種煩惱，而顯現智慧。佛教的修行是相當積極的行爲，能改變過去所造的業力，淨化身心，從而將穢土轉化爲淨土。

（王常密　攝）

3

學習佛陀有方法

Question 31

如何以佛陀教導的三法印辨別正法？

現代宗教派別與修行方式衆多，佛教的修行方法也常爲其吸收，讓人很難判斷參加的是正信佛教或附佛外道團體。此時，可以三法印判斷其說是否爲佛法。什麼是三法印呢？

一、諸行無常

世間一切因緣和合的現象皆無常，皆由因緣而生、因緣而滅，不斷地生滅變化。無常是常住的相反詞，一切現象皆隨因緣而現生、住、異、滅四相，於剎那間生滅，無法常住不變，而稱無常。世界不離成、住、壞、空變化；身體不離生、老、病、死變化；心念也不離生、住、異、滅變化，沒有永恆不變的現象，所以是無常的。

二、諸法無我

世間一切現象皆無我，皆沒有一個固定存在不變的個體。無我即是非我，沒有實在、永遠不變、獨立自存的主宰者。萬法皆依各種因緣條件而生，所以無單一、不變、主宰的自性。無自性即是緣起性空，此爲佛法根本要義。人們常將身心世界當成自我，因而執著煩惱不放，其實這是一種假相的幻覺。

三、涅槃寂靜

涅槃即是苦、集、滅、道四聖諦的滅諦，息滅煩惱、息滅生死。如《大般涅槃經》說：「滅諸煩惱，名爲涅槃。」體悟世間萬物皆因緣生、因緣滅，沒有不變的自我，沒有煩惱生滅，即爲涅槃的解脫境界。

許多附佛外道、新興宗教的修行方法，和佛教一樣爲拜佛、念佛、禪修，甚至也研讀佛經，如欲判別是否爲正信的佛教團體，即可以三法印觀察其思想。如果有人說他是佛陀再來，具有不死之身，信者得永生，三法印立能辨其眞僞，不爲邪說所迷惑。

（李澄鋒　攝）

Question

32 佛陀如何三轉法輪，四聖諦和十二因緣有何關係？

佛陀成道後，在鹿野苑向五比丘說法，通常稱此爲「三轉四諦法輪」，即是解說他親自證悟的四聖諦法。

四聖諦

所謂的諦，意即眞諦，即是究竟眞理。輪是戰鬥的兵器，象徵佛法的力量可摧破一切的邪知邪見。所謂四聖諦，即是苦、集、滅、道。

1. 苦諦：人生如苦海，苦的內容有三類：苦苦、壞苦、行苦。苦苦指人的生命本身即是苦的；壞苦又稱「變異苦」，爲由樂轉苦的衰亡苦感；行苦是因諸法遷流無常，而逼惱身心的苦受。苦苦可分八種：生、老、病、死、愛別離、怨憎會、求不得、五蘊熾盛苦。
2.集諦：集是苦的原因，由煩惱而造業，由造業而招感苦的果報。
3.滅諦：滅是解脫苦果的可能，明瞭集諦，斷除煩惱，即可解脫衆苦。
4.道諦：道是滅苦的方法，修持八正道，即可滅除衆苦而獲涅槃解脫之果。

三轉四諦法輪的三轉爲：
1.示轉：說明此是苦，此是集，此是滅，此是道。
2.勸轉：說明苦應知，集應斷，滅應證，道應修。
3.證轉：說明苦者我已知，集者我已斷，滅者我已證，道者我已修。

十二因緣

四聖諦的苦、集二諦是緣生法，也就是十二因緣法。衆生之爲衆生，是因十二種因緣的連續不斷，而成爲衆生生死的三世流轉。

（法鼓文化資料照片）

1.無明：無始以來的煩惱。
2.行：依煩惱而做的善行或惡業。
3.識：受胎時的念頭。
4.名色：胎兒的身心狀態。
5.六入：胎兒的眼、耳、鼻、舌、身、意。
6.觸：出生後，與外境的色、聲、香、味、觸相接觸。
7.受：接觸外境的事物，而有苦、樂等感受。
8.愛：對感受產生愛欲。
9.取：由愛欲而進於求取。
10.有：由於今生造作善惡之業，而有未來受生、受死的果報之因。
11.生：由今生的業，感受到來生的色、受、想、行、識五蘊之身。
12.老死：來生既有五蘊之身，必將老病而死亡。

十二因緣與四聖諦，其實名異而義同。過去的「無明、行」與現在的「愛、取、有」屬於「集諦」；現在的「識、名色、六入、觸、受」與未來的「生、老死」屬於「苦諦」。以觀照的智慧勘破生死無明，屬於「道諦」；因修道而證得涅槃寂靜，屬於「滅諦」。

十二因緣，連貫成三世因果，說明了凡夫眾生的生死循環，若不修道得解脫，永遠無法脫離十二因緣的範圍。因此，十二因緣和苦、集二諦，皆是世間的生死法；三法印和滅道二諦，則是出世的解脫法。

佛陀在鹿野苑初度五比丘，即是轉四諦法輪，而佛陀的最後遺教，也不離四諦法輪的範圍。因此，我們若能悟入四聖諦，定能終止生死輪迴。

Question

33

佛陀教法如何由八正道開展至三十七道品？

佛陀成道初轉法輪時，先說八正道，之後陸續說四念處、四正勤、四如意足、五根、五力、七菩提分等，共爲三十七道品。三十七道品以八正道最能代表佛教的實踐法門，八正道被視爲四聖諦的「道諦」內容，爲「滅諦」之因。

原始佛法中，往往將四聖諦與八正道並舉，因爲八正道是戒、定、慧三學的延伸，三十七道品可以說是八正道的細目。

一、八正道

1. 正見：正確的見解，能清楚認識四聖諦之理，此爲八正道的首要條件，也是八正道的主體。

2.正思惟：正確思惟四聖諦之理。
3.正語：清淨口業，不說對修行無益的話，只說有益的話。
4.正業：清淨身業，不做對修行無益的身業，只做對修行有益的身業。
5.正命：以正當的方法謀生。
6.正精進：努力修行戒、定、慧的道業。
7.正念：攝心、制心，心無邪念。
8.正定：修種種觀法成就四禪八定，得滅受想定，達到解脫生死的目的。

二、**四念處**

觀身不淨、觀受是苦、觀心無常、觀法無我。

三、**四正勤**

未生惡不生、已生惡滅除、未生善令生、已生善增長。

（梁忠楠　攝）

四、四如意足

欲（慕樂修持之法）、念（一心正住其境）、精進（修習不懈）、慧（思惟心不散）。

五、五根

信（信於正道）、精進（勤求不息）、念（清楚覺知諸法）、定（一心寂定）、慧（內性自照）。

六、五力

由五根而發生五種力量，破除五障：信力遮煩惱、進力除懈怠、念力破邪想、定力破妄想、慧力破一切邪外。

七、七菩提分

念（清楚覺知諸法，使定慧均等）、擇法（以智簡擇法的眞僞）、精進（以勇猛心離邪行，行正法）、喜（心得善法，即生歡喜）、輕安（斷除身心粗重，身心輕利安適）、定（心住一境）、行捨（如如不動的平靜心，不受外境所擾）。

Question
34

如何修持佛陀教導的戒學？

戒、定、慧三學，又稱三無漏學，是學佛的基礎。佛陀的根本教法苦、集、滅、道四聖諦，清楚指出學習佛法的要領在於：苦當知，集當斷，滅當證，道當修。修學八正道的方向即是戒、定、慧三學，戒學包括正語、正業、正命和正精進；定學包括正念和正定；慧學包括正見和正思惟。

諸惡莫作，眾善奉行

〈七佛通誡偈〉說：「諸惡莫作，眾善奉行，自淨其意，是諸佛教。」此爲佛教的總綱，也可說是佛陀教導戒學的心要。如同聖嚴法師於《學佛知津》一書所說：「持戒的內容，既是消極的止惡，更要積極的行善。所謂『諸惡莫作，諸善奉行，自淨其意，是諸佛教』，這四句話，就把持戒的全部精神說明了。從五戒、八戒、十戒、比丘戒、比丘尼戒，乃至菩薩戒的內容，無不盡備於此。」

持戒止惡行善

我們日常的起心動念，不外身、口、意三業行為，可以爲善業，修戒、定、慧三學；也可以爲惡業，造貪、瞋、癡三毒。持戒不殺生、不偷盜、不邪淫，能防止造身業；持戒不妄言、不綺語、不兩舌、不惡口，能防止造口業；持戒不貪欲、不瞋恚、不邪見，能防止造意業。

佛陀制戒，讓佛弟子能依此止惡行善。五戒是消極的戒惡，十善是積極的行善，佛弟子除止貪、瞋、癡、殺、盜、邪、淫、妄語、綺語、兩舌、惡口，更應廣修衆善行，精進不息，服務社會廣結善緣。因此，持戒是與八正道的正語、正業、正命、正精進相應，能以此讓人得解脫。

Question

35

如何修持佛陀教導的定學？

定學即是禪定，也稱禪那、三昧，意為息慮靜緣，即是內能止息妄念，外能放下萬緣。《楞嚴經》說：「攝心為戒，因戒生定，因定發慧，是則名為三無漏學。」定學的重點即是心的收攝，讓心不散亂而住於一境的狀態。而佛陀教導的定學重點，正在於「因定發慧」，修禪的目的是在於開發解脫的智慧。

正念和正定

佛教的定學與八正道的「正念」和「正定」相應。佛陀所教導的正念，即是修四念處（四念住）。以六念法為基礎：念佛、念法、念僧、念戒、念天、念施，修持四念處：觀身不淨、觀受是苦、觀心無常、觀法無我，之後便可進入八正道的正定。八正道的正定，為修觀法成就四禪八定，得滅受想定，解脫生死，

（周淑瑛　攝）

此爲佛陀所親身證悟得到的方法。

安心於道，自在生活

佛陀時代的僧團弟子，終日皆在禪修，對於現代初學者來說，忙於工作、家庭分身乏術，很難專一修定學。此時，可掌握「正念」和「正定」的精神要領而行。讓心念與正法相契，保持正念，不起邪念；讓心保持安定，心不爲外境所轉，安於正定。只要掌握最基礎的念佛法或數息觀，就能受用佛陀教法，安心於道，自在生活。

Question

36

如何修持佛陀教導的慧學？

修學慧學的目的，是爲開發斷惑證理的智慧。佛陀當年之所以出家修行，即是爲明白此智慧眞理，以解脫生死得自在。佛陀於菩提樹下悟得世間萬法不離緣起性空，以此空性智慧而斷一切煩惱，圓成佛道。

正見和正思惟

佛教的慧學與八正道的「正見」和「正思惟」相應。修學八正道最重要的是具備正見，能明白三法印，理解四聖諦，善觀十二因緣，才能正確地理解與信仰佛教，不會迷信邪說邪見。透過正思惟，正確思惟佛法，才不會誤入歧途，盲修瞎練。

（周仁傑　攝）

學習慧學的方法

佛教將修習慧學分爲三個階段：聞所成慧、思所成慧、修所成慧，簡稱聞慧、思慧、修慧：

1. 聞所成慧：聽經聞法而生智慧。
2. 思所成慧：以聞慧爲基礎，深入思惟與觀察法義。
3. 修所成慧：依聞慧、思慧理解佛法，勤修戒、定、慧三學，得證智慧解脫。

我們聽聞佛法後，還需要親自驗證佛理，才能知苦離苦，修道證道。畢竟即使聽聞過上百次佛陀悟道故事，如果我們不展開實際的滅苦行動，佛陀的故事始終只是故事，需要親自一試佛陀法藥，是否眞能離苦得樂，解脫衆苦。

Question

37

如何修持佛陀持名？

在參加寺院法會，或是聽聞法師講經說法前，經常會聽到法師持誦佛陀的佛號「南無本師釋迦牟尼佛」。爲何要稱佛陀爲「本師釋迦牟尼佛」呢？因爲佛陀是所有佛弟子的根本老師，如果沒有佛陀創立佛教，教導我們修學佛法，我們不可能依此修行悟道。而稱念「本師釋迦牟尼佛」，也表示佛弟子對佛陀的尊重與感念。

稱誦佛號不退轉

在許多經典裡，都提到稱念釋迦牟尼佛的功德不可思議。如《不退轉法輪經》佛陀自說：「以本願力故。若有衆生聞我名者，皆得不退於阿耨多羅三藐三菩提。」《大乘寶雲經》也如是說：「釋迦如來於過去世行菩薩時已發誓願。我成

（李澄鋒　攝）

佛時，凡是衆生聞我名者，皆悉令得不退轉於阿耨多羅三藐三菩提。」意思即是只要稱誦佛號，即能不退轉於佛道，必能證得無上正等正覺。

念念與佛相應

成佛之道上，難免會遇到種種困擾而易退失道心，此時可以稱念佛號「南無本師釋迦牟尼佛」，憶念佛的功德，相信佛的願力，堅持信心。若能以此爲日常定課，能轉娑婆世界爲清涼淨土，念念與清淨佛心相應。

Question

38

佛陀教導的六念法念什麼？

佛陀教導弟子們所修的六念法門，即念佛、念法、念僧、念施、念戒和念天。六念法門的佛、法、僧三寶，包含一切佛、一切法、一切僧；施是布施；戒是持戒；天則是指修十善，因修十種善法可以生天。在遇到恐懼或臨命終時，如果不知應該向誰求助時，可以念佛、念法、念僧，可以念自己曾經持戒、修布施、修十善的功德。

一、念佛

念佛是憶念佛圓滿的功德與智慧，透過憶念如來十號的功德智慧，可以幫助修定，並增長對佛、法、僧三寶的信心。

（釋果品　攝）

二、**念法**

法爲諸佛之母。佛所說法無量無邊，但三十七道品能助人逐層而上，完成修證之功，所以應念三十七道品。內容包括：四念處、四正勤、四如意足、五根、五力、七覺支、八正道。

三、**念僧**

僧是人天福田，應當恭敬供養，此處的念，是指念其功德。

四、**念天**

心念生天的果報，可長壽安樂。

五、**念戒**

持戒能身、口、意三業清淨。

六、念施

普濟一切貧窮。貧窮有三種：財產貧窮、修福修道的方法貧窮、做人處世的膽識貧窮，所以布施也有三種：財物布施、佛法布施、無畏布施。財物能改善物質生活，佛法能充足精神生活，無畏能使人擇善而從，勇猛直前。

Question 39

學習佛陀的原始教法，爲何要讀《阿含經》？

佛陀與弟子們遊走於印度恆河兩岸，在人間說法四十五年期間，許多人來向佛陀請益，其中不乏國王、大臣、富人、乞丐，他們往往面帶愁容而來，最後總能歡喜而去。這些佛陀爲人解惑的精彩問答，都記錄在《阿含經》裡，內容非常生活化、貼近人心，猶如實用的人生百科全書，富含人生哲理與生命實相。

最古老的原始聖典

《阿含經》是最古老的佛陀法教，被稱爲原始聖典，近現代學者也以《阿含經》爲原始佛教研究的首要依據。「阿含」是什麼意思呢？「阿含」爲梵語的譯音，原意是「來」、「傳來之聖教」。佛陀在世時，弟子們以佛陀親口所說，傳承於弟子間的教授、教誡，稱之爲「阿含」。

《阿含經》在南、北傳佛教皆有保存，南傳佛教稱為「五《尼柯耶》」，而北傳佛教稱為「四《阿含》」，依文章長度分為《雜阿含經》、《中阿含經》、《長阿含經》與《增一阿含經》，其中除了佛陀與弟子們的事蹟，印度當時的民情風俗、人文哲思也一併被記載下來。

學佛的入門經典

透過《阿含經》中佛陀與世人的互動，可以學習佛陀卓越超然的處世智慧、待人之道，十分適合初學佛者做為入門的經典。聖嚴法師當年於美濃朝元寺閉關閱藏時，也是從《阿含經》讀起，並於《正信的佛教》出版時，自陳書中內容大多取材自《阿含經》，並建議大家：「如果真想看佛經，應該先由《阿含經》看起。」

《阿含經》除了是僧人修道解脫的重要經典，也是居士修行的生活法寶。佛法在傳播過程中，不可避免地參雜了許多似是而非的外道觀念與迷信行爲，導致今日佛教各派論說分歧，附佛外道昌盛，必須提倡正信的佛法，回歸佛法的源頭，以正本清源。而閱讀《阿含經》，能幫助我們認識原始教法，回歸眞正的佛陀本懷。

今日，讀誦《阿含經》時，如同親聞佛陀的叮嚀與教導，學習過正信的生活，如能善用《阿含經》這部人生百科全書，一定能像當時那些向佛陀請益的人們一樣，「聞佛所說，歡喜隨喜，作禮而去」。

Question

40

成佛要三大阿僧祇劫，如何學習佛陀大願心？

證初果阿羅漢只要七生時間；成佛則要三大阿僧祇劫，你想成爲阿羅漢或佛陀呢？

菩薩行願

如果用生命長短來判斷，確實選擇阿羅漢的解脫道比較快；如果用度化眾生的機會，則選擇佛陀的菩薩行才能滿願。菩薩行願是生生世世盡虛空、遍法界，永無止盡的，所以成佛的時間長短不是問題，只祈願眾生得度。

例如《法華經》便記載佛陀對舍利弗尊者說：「舍利弗當知，我本立誓願，欲令一切眾，如我等無異。如我昔所願，今者已滿足，化一切眾生，皆令入佛道。」佛陀曾立誓，要度化一切眾生皆如他一樣成佛，因著這樣的願心，而能從最初的菩薩初發心，歷經六道層層考驗，始終不改初心，直至成佛。因為，現龍身，可度天龍眾生；現鬼身，可度地獄眾生；無論投生何處，皆能圓滿所願。

必發〈四弘誓願〉

發願是成佛必備的條件，所有的諸佛菩薩都必發〈四弘誓願〉：「眾生無邊誓願度，煩惱無盡誓願斷，法門無量誓願學，佛道無上誓願成。」三大阿僧祇劫看似遙遙無期，其實一念相應一念佛，念念相應念念佛，如此便能步步成佛，隨願來去廣結法緣度眾生。

（許朝益　攝）

4

佛陀的啟示

Question

41

禮佛是偶像崇拜嗎？

禮佛並非偶像崇拜，禮佛如佛在，佛像能提醒佛弟子用功修行。禮佛也稱拜佛，不但是表達對佛菩薩敬意的禮儀，更是重要的修行方法。

清淨修行禮敬佛

佛教徒禮佛源自佛陀時代，當弟子們請佛說法時，都會伏身頂禮，以雙手承接佛足，以額頭碰觸佛足，以身、語、意同時表達最高禮敬。佛陀涅槃後，佛弟子出於對佛的懷念，以禮拜、稱名、憶念的修行，來清淨自己的身、語、意三業。透過禮佛，以清淨的身業來禮敬佛；透過稱念「南無本師釋迦牟尼佛」佛名，以清淨的口業來禮敬佛；透過內心的誠信憶念，以清淨的意業來禮敬佛。而在念佛、禮佛中，更能深化學佛的信心。

（李東陽　攝）

放下自我，折服慢心

禮佛是佛教徒皈依三寶後，必學的基本禮儀，也是必修的功課。禮佛在修行上還有一個重要意義，即是放下自我，折服慢心。人們通常自以爲高高在上，而剛愎自用，在俯身禮拜佛時，將自己完全交給佛菩薩和大地，不但能放下種種自我煩惱，也能調柔身心，謙虛自牧。放下了自我，才能夠眞正皈依佛、皈依法、皈依僧，一心諦聽佛法的眞義，契入佛的無我智慧。

Question

42

佛陀的禪法與世間禪定有何不同？

禪定的修行方法，並非佛教獨有，無論有無宗教信仰背景，只要熟練方法，攝心專注，都能得定。禪修的方法，在佛陀以前的印度典籍，如《奧義書》、《婆羅門書》等，早已提出透過調息、調身、調心，以及口誦眞言等方式入定。現代人經由發達的文獻翻譯與傳播，很容易接觸禪修的方法，但是如果沒有得到好老師的正確指導，很難修行得力。

具備正確的禪法見解

最重要的是，禪修需要具備正確的見解，如果觀念錯誤，很可能差之毫釐，失之千里。佛陀教導的禪法與世間禪定的差別，在於空性、無我、無常、因緣等觀念的不同。世間禪定修行者容易執著自己的身心，不是「執常」便是「執斷」，執常者認為死後靈魂不滅，成仙後長生不老，生天後永在天國；執斷者認為死後猶如燈滅一無所有，沒有前生、沒有來世。佛陀教導的禪法，則透過如實觀察身心因緣變化，而知無常、無我，助人解脫煩惱執著。

佛教禪修與空性相應

佛教徒依循佛陀的教導，以戒、定、慧三學做為修學佛道的歷程，持戒為修習定學的基礎，由學習禪定而進入慧學，而打坐就是修禪定的基礎。佛教禪修的目的不在於得定，而是希望由定發慧，理解無常觀、因緣觀，觀身心是外在因緣假合的無常，最終與空性相應，與解脫道相應，這是佛陀不同於世間禪定的修行觀念。

Question

43

佛陀的經論教法與世間學問有何不同？

佛教認爲智慧可分爲兩種，一種是有煩惱的智慧，稱爲有漏慧；另一種是無煩惱的的智慧，稱爲無漏慧。世間學問屬於有漏慧，佛陀的經論教法則能開啓無漏慧。

所謂的有漏與無漏，意思是指有煩惱與無煩惱。凡以自我爲中心者的智慧，無論是思想、觀念或經驗，皆是有漏慧，不是眞正的智慧。例如我們透過閱讀能相信與理解生死無常，但是在眞正遇到生離死別時，仍是難以平常心接受，無法豁達自在。因此，有漏慧也稱世間智。無漏慧是無我的智慧，又稱出世間智，能助人出離世間苦海，解脫生死煩惱。

印順長老於《學佛三要》中，針對學佛方式將智慧分爲三類：生得慧、加行

（江思賢　攝）

慧、無漏慧。

一、**生得慧**

為每個人與生俱來的智慧，初學佛者皆是以生得慧學習佛法，但若不求修行上進，則所學與世間學問無異。

二、**加行慧**

為佛法加行力的啓導，此即佛陀的經論教法，經常勉勵人要依聞、思、修三慧為無漏慧資糧。透過聽經聞法培養聞慧；以聞慧為基礎，進而思惟佛法產生慧解；從思慧的散心分別觀察，到達定心相應，修慧成就，才能斷煩惱，了生死。

三、**無漏慧**

定慧相應、止觀雙運的修慧成就，能引發無漏慧，又名現證慧。由此無漏慧，斷煩惱，證眞理。

印順長老並提醒初學佛者三點：一是勿將讀經研究視爲慧學成就，而自我滿足；二是引發聞思修慧只是學佛方便，勿自以爲與佛平等；三是不輕忽生得慧、加行慧，以及聞思熏修的功行。

因此，如果自以爲廣讀佛經，見聞與佛無異，未能與無我的智慧相應，所學所得仍是世間智慧；反之，若能精進於聞、思、修三慧，與無我的智慧相應，則能去黏解縛，遠離煩惱，成就無漏慧。

Question

44

佛陀如何看待世界末日？

佛教沒有世界末日的說法，末日的說法來自基督教，基督徒相信上帝降臨時，人們會接受上帝的審判，信仰主的人能入天國，不信主的人則入煉獄，此日即是世界末日。因而，一般人便將人類滅絕的日子稱為世界末日。

每當發生強烈地震或是極端氣候帶來的水災、旱災等天災；或是蔓延全球的疫情；或是連綿不絕的戰火，都讓人們有世界末日到臨般的恐慌不安，擔憂人類是否會大滅絕。

世間無常，國土危脆

《八大人覺經》是諸佛菩薩大人所覺悟的八種法，能讓眾生轉生死之苦為解脱之樂，如諸佛菩薩成爲大人。佛陀於經中所說的第一覺悟之法爲：「世間無常，國土危脆，四大苦空，五陰無我，生滅變異，虛僞無主，心是惡源，形爲罪藪。如是觀察，漸離生死。」

意爲世間萬法遷流無常，三界之內任何國土，皆危機四伏、脆弱不堪。若不領悟地、水、火、風四大本空，便招衆苦；色、受、想、行、識五蘊所構成的身心世界，生滅無常，無有自我，是虛僞的現象，沒有誰在主宰。心雖非主宰，卻是衆生造惡的源頭；肉體雖非自我，卻是衆生犯罪淵藪。假使能如上觀察，反以正知見善用身心修行，便能漸離生死苦海。

共願改變共業

佛教雖沒有世界末日說，但認爲世界的生滅可分爲成、住、壞、空四個階段，就如人類要經歷生、老、病、死般，不斷循環往復，沒有永恆不變的世界。

人類地球最初的生命是由他方世界生成而來，非由神所創造；在住的階段，眾生可持續成長；在壞的階段，則類似世界末日要接受世界崩壞；在空的階段，世界毀滅歸於空。之後，由於十方世界眾生共業所感，而產生新的世界，而繼續成、住、壞、空。

佛陀告訴我們，「世間無常，國土危脆」是不可變的現實，但是業力因緣是可以改變的。我們人類的世界既然是共業所感，便也可共願所成。如佛國淨土，佛菩薩依願力成就淨土，眾生依願力往生淨土。如果人人都能許好願、做好事、說好話，人心清淨，世界就會安定，將能共同轉危為安。

Question

45

佛陀如何面對病苦？

佛陀是大醫王，因爲他善知病人的苦處，善知病的根源，也善知對治病的方法，還善於將病治癒以後，使其不再復發。佛陀不僅醫治眾生身體的病痛，更療癒眾生的根本心病，達到苦的止息。

慰問關懷，給予法藥

在《雜阿含經》中，對於佛陀前往探視生病弟子的瞻病過程，有很詳細的描繪；而針對不同根機的弟子，佛陀也應病與藥，開示相應的修習方法，回應眾生最切身的病苦課題，讓弟子從法藥中受用，恢復身心的健康。

佛陀對於病苦的教導，依對象而有所不同，一般而言，對出家眾說較深的義

（梁忠楠　攝）

理，對初學者、在家居士則說較淺的教法。從說法的不同深淺內容，可看出佛陀應機說法的善巧，具有豐富而多元的特色。

正念正知，調御病苦

至於佛陀自己重病時，如何透過法的醫療超越病苦呢？《大般涅槃經》記載，佛陀在毘舍離進行最後一次雨安居時，生了一場大病，幾乎喪命；佛陀療病的方法，是安住在正知、正念，不斷地精進修習，透過智慧，觀照所緣，以此來調御病苦。

老、病、死是世間的必然現象，從佛陀對病苦的教導可知，生病的因緣能引領我們一探生命的究竟，觀照身心無常、苦、無我的本質，為解脫病苦指出一條明確途徑，帶來生命覺醒的契機。

Question

46

佛陀如何看待命運？

很多人遇到挫折時，總抱怨命中註定，只能認命。佛教的「善有善報，惡有惡報」，有時會被誤以爲是宿命論，認爲命運是不可改的。其實，佛教是以因果、因緣來看人生，人生是無常的，充滿著各種機會，端看自己如何努力。我們可以由佛陀如何突破印度種姓制度，了解佛陀如何引領人改變自己的人生。

佛陀認為四個種姓皆平等

印度的種姓制度，將人分爲四個階級：第一是宗教師階級，名爲婆羅門；第二是武士王臣階級，名爲刹帝利；第三是商農階級，名爲吠舍；第四是奴隸階級，名爲首陀羅。各個種姓職業世襲，互不通婚，以保持嚴格的界限。飽受歧視的賤民，則完全被排除在種姓之外。

（法鼓文化資料照片）

佛陀雖出身於刹帝利，但是他與僧團弟子都認爲四種姓者，皆悉平等。佛陀不認爲有可以左右人命運的主宰者，也不認同宿命論，所謂的命運，其實是三世因果的現象。佛陀引導人觀察十二因緣的流轉生滅，知諸行無常、諸法無我，而證涅槃寂靜，解脫世間生死束縛。

十大弟子持戒第一的優波離尊者，原本是專爲釋迦族王子服務的理髮師，他想要隨佛陀出家，卻擔憂自己的奴隸身分無法如願，結果佛陀不但接受他出家，並要晚於他之後出家的釋迦族王子們，向他頂禮。此舉在階級分明的印度社會，殊爲不易。

人人皆有佛性

佛陀認爲人人皆得解脫、皆有佛性，僧團弟子不但包括四大種姓，也有賤民。尼提尊者在出家前是個除糞的賤民，佛陀知道他得度的時機到了，所以親自爲他說法。自慚形愧的尼提驚恐逃開，被撞破的糞罐潑滿糞便，佛陀卻毫不介意問他是否願意出家，告訴他不論貧富、貴賤、男女，只要想發心修行，皆能受益佛法。之後尼提尊者聞佛陀一說四聖諦，當下即悟道證果。

許多婆羅門皆隨佛陀出家，佛陀問其中的兩位弟子是否曾因此被族人爲難，果然皆遭族人斥責：「我婆羅門種最爲第一，餘者卑劣。」佛陀即開示弟子，佛教不須隨俗法有種姓分別：「若有沙門、婆羅門，自恃種姓，懷憍慢心，於我法中終不得成無上證也。若能捨離種姓，除憍慢心，則於我法中得成道證，堪受正法。」

由此可知，出身不能決定人的命運。然而，若不求出離生死，將無法跳脫生死輪迴，必須勤修戒、定、慧，斷除貪、瞋、癡，了生死因，才能不再造業受報，眞正改變自己的命運。

Question

47

佛陀不回答什麼問題？

佛陀為度化眾生，開展八萬四千法門，破解八萬四千煩惱，對於人們請法總是知無不言，言無不盡，但是有十四種問題，佛陀是不做回答的。

十四無記

此十四種問題，漢傳佛教稱為「十四無記」，南傳上座部佛教則稱為「十無記」。所謂的十四無記，即是十四種無法分別、判斷的問題。佛陀認為這些形而上學的問題，不但無益於解脫，反而會讓人誤入歧途，增長邪見，所以不做回覆。

十四無記，基本上可分為四大類問題：1.世界是否永存；2.世界是否有邊際；3.身心是否合一；4.如來滅後是否存在。你是否也常常困惑於這十四個問題呢？

1.世界恆常存在嗎？2.世界不恆常存在嗎？3.世界既恆常又不恆常嗎？4.世界既非恆常又非不恆常嗎？5.世界有邊際嗎？6.世界無邊際嗎？7.世界既有邊又無邊嗎？8.世界既非有邊又非無邊嗎？9.生命與身體是同一的嗎？10.生命與身體不是同一的嗎？11.如來死後還存在嗎？12.如來死後不存在了嗎？13.如來死後既存在又不存在嗎？14.如來死後既非存在又非不存在嗎？

莫入修行歧路

佛陀解釋爲何他從來只說苦、集、滅、道四聖諦，而不說這些無記的問題，因爲四聖諦可讓人與正法相應，通往覺悟之道，涅槃寂靜；無記的問題則與此相反，是修行的歧路，不需要浪費生命去探究。

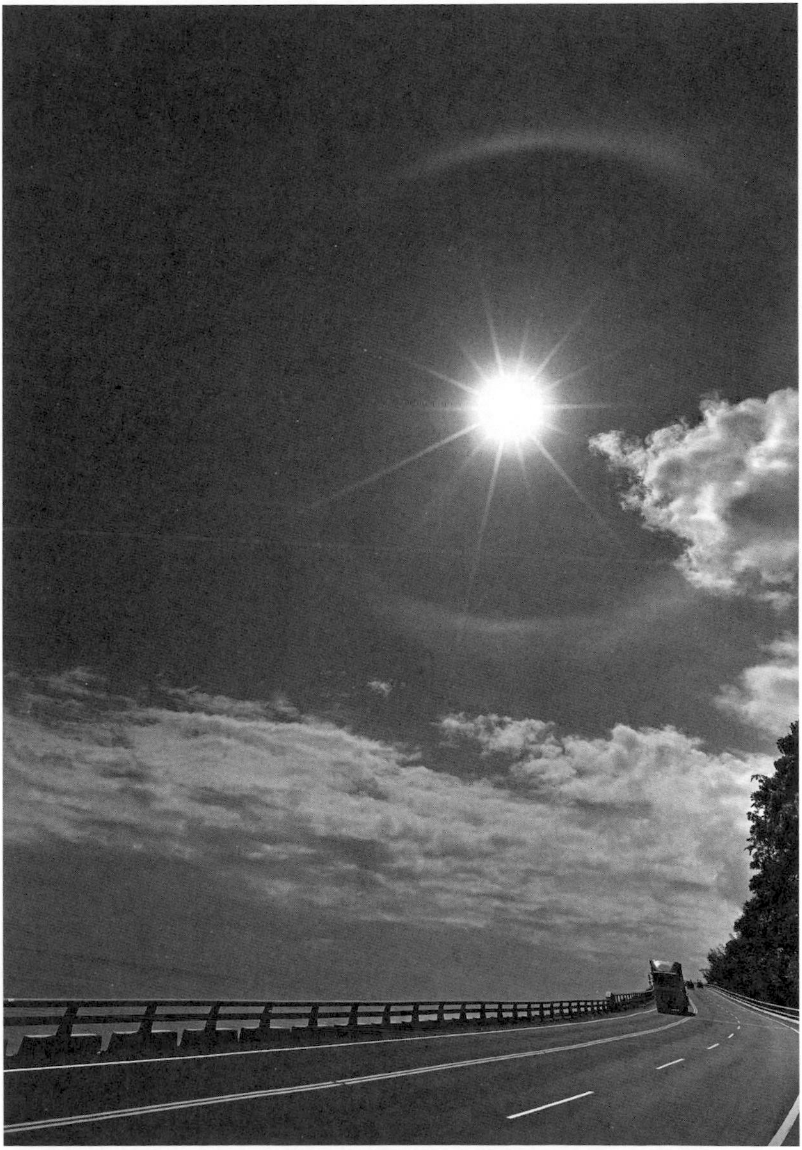

（梁忠楠　攝）

48 佛陀爲何要涅槃，不久住於世說法？

假使佛陀不入涅槃，恐怕許多佛弟子都會像阿難尊者一樣，以爲佛在身邊，自然不需要擔憂生死無常，佛總有一天會助自己一臂之力，證悟解脫。

抛開依賴期待心

阿難尊者是多聞第一的佛陀十大弟子，能將佛陀所有的講經說法內容倒背如流，一字不漏。佛陀在世時，他期盼佛能助他開悟；佛陀離世後，則轉而期盼大迦葉尊者助他解脫。不料大迦葉尊者以他未證阿羅漢果，不准他參加佛經結集，竟然直接把他趕出五百大阿羅漢集會場所門外。被逼至絕境的阿難尊者，因而決心不再依賴任何人幫助，獨自打坐修行。結果當他抛開所有的依賴期待心，突然就開悟證阿羅漢果了，終於靠自己得解脫。

（釋常鐸　攝）

示現生死無常

如果佛陀不以涅槃示現生死無常，佛弟子容易養成依賴心，以為只要常聞佛法，就能憑佛力加持得解脫，而忽略要解行並重，實修實證，精進用功。因此，佛陀入涅槃，以此逼著弟子們精進參究道業，可說是另一種慈悲教化的方法。

Question

49

如何依佛陀智慧過中道生活？

二十一世紀物質生活富裕，人們面對物欲橫流的社會，卻深感心靈貧窮，不知應追隨潮流或另闢新路。有些人忽暴飲暴食，忽斷食減肥；忽揮金似土，忽舉債度日……，生活需要過得如此極端嗎？如何掌握生活之道呢？

佛陀在菩提樹下成道前，也曾過著兩種非常極端的生活，一種是養尊處優，極盡奢華享樂的王宮生活；另一種則是餐風露宿，極盡自虐刻苦的六年苦行生活。佛陀知道人生享樂只是曇花一現，放棄了王子身分出家求道；明白苦行無益於解脫生死，放棄了苦行接受食物供養，得到重新滋養後，終於夜睹明星悟道。因此，在印度傳統修行的苦行、樂行外，佛陀主張以中道為修行原則。

不苦不樂的中道

然而，鹿野苑中的五侍者，他們爲佛陀捨棄了尊貴生活，陪伴他在苦行林共修，他們不明白佛陀爲何竟然意志不堅，捨棄苦行。因此，佛陀於《轉法輪經》中，一開始就直指有兩種極端的修行方法，出家者不應依循，一是放縱欲樂的盡欲樂行，一是自我折磨的禁欲苦行，皆是徒勞無益的。佛陀自述因爲捨離了這兩種極端，領悟了中道，所以才能覺悟智慧。而什麼是中道呢？即是八正道。

佛陀早在二千六百多年前，即爲人們指出了中道生活的方向。人的欲望古今皆同，總是永無止境，欲壑難塡。只有體會了知足最滿足，才能體會中道生活的簡單幸福。知足並不等於什麼都不要，而是多也好，少也好，好到皆大歡喜，這才是恰到好處的中道生活。

心五四運動的新生活主張

面對複雜的現代世界，人心嚮往的是簡單生活，聖嚴法師的心五四運動是適合現代的中道生活，以四安、四要、四它、四感、四福等五種主張，提供人們中道生活的方法。

一、四安——提昇人品的主張

1.安心——在於少欲知足。

2.安身——在於勤勞儉樸。

3.安家——在於敬愛互助。

4.安業——在於服務奉獻。

二、四要——安定人心的主張

1.需要的不多。

2.想要的太多。

3.能要、該要的才要。

4.不能要、不該要的絕對不要。

三、四它——解除困境的主張

1.面對它——正視困境的存在。

2.接受它——接受困境的事實。

3.處理它——以悲智處理困境。

4.放下它——處理後心無牽掛。

四、四感——與人相處的主張

1.感恩——使我們成長的因緣。

2.感謝——給我們歷練的機會。

3.感化——用佛法轉變自己。

4.感動——用行爲影響他人。

五、四福——增進福祉的主張

1.知福——是最大的幸福。

2.惜福——是最好的儲蓄。

3.培福——時時都有福。

4.種福——人人都享福。

這些妙法是人生的幸福整理術，藉由「心五四」，讓我們一起體驗心靈環保的美好新生活！

Question

50 資訊時代佛魔難辨，如何依佛陀教法修行？

科技發達的資訊時代，學佛管道無遠弗屆，不但可以網路視訊教學、法會線上直播，還能隨選隨看佛學課程，讓忙碌的現代人不必擔憂錯過學佛的機會。臉書、Line群組等網路平台，及各種行動裝置學佛APP，只要通過網路，十方佛網就能普門大開！

廣結善緣或惡緣

千百億化身佛般的網路影片，使得人人都能輕鬆學習佛法，然而邪說邪法也隨之而來，無孔不入。是善知識或惡知識？是佛說或魔說？該不該流通分享？這些問題也成爲日常的考驗了。對於喜歡與人分享佛法的菩薩行者來說，資訊時代特別適合廣結善緣種福田，但是如果不明就裡分享邪說，讓人誤入邪道，反而是

（周淑瑛　攝）

存好心做壞事了。畢竟輕輕一按鍵分享，頃刻間便全球流通。

三皈依與三法印守護正法

該如何善用現代科技，讓佛陀教法廣爲流通呢？與其擔心身邊是否充滿魔說邪見，不如回歸到最基本的三皈依：皈依佛、皈依法、皈依僧。三皈依是佛教最基本的戒，只有持戒才是眞正的佛弟子。三皈之後有三種禁止：「皈依佛，盡形壽不皈依天魔外道。皈依法，盡形壽不皈依外道邪說。皈依僧，盡形壽不皈依外道徒衆。」與持戒精進的善知識交流，往來皆是助道的正知正見，能互勉互勵，精進共修。

面對邪說混淆視聽的困擾，三法印：諸行無常、諸法無我、涅槃寂靜，可助人判斷所接收的訊息是否如法？是否有違因果、因緣法則？是增長貪、瞋、癡，或增長戒、定、慧？不只我們的時代宗教思想百花齊放，在佛陀時代的宗教哲學也是百教爭鳴，佛陀與弟子們揀擇正法方式皆是依三法印，修行原則皆是依四聖諦。縱然網路大開方便門，只要依佛所說進行揀擇，怪力亂神皆無所遁形。

苦樂參半的人道，能造善業，也能造惡業，一念之惡萬劫不復，由人成魔；一念之善發菩提心，由人成佛。六道衆生以人最適合修行，應珍惜人身，歡喜學佛，轉煩惱爲菩提，轉娑婆爲淨土。

學佛入門Q&A 24

佛陀50問

50 Questions about Śākyamuni Buddha

編著	法鼓文化編輯部
攝影	王常密、江思賢、李佳純、李東陽、李澄鋒、周仁傑、周淑瑛、陳正松、許朝益、許翠谷、梁忠楠、廖順得、鄧博仁、釋果品、釋常襄、釋常鐸
出版	法鼓文化
總監	釋果賢
總編輯	陳重光
編輯	張晴
美術設計	和悅創意設計有限公司
地址	臺北市北投區公館路186號5樓
電話	(02)2893-4646
傳真	(02)2896-0731
網址	http://www.ddc.com.tw
E-mail	market@ddc.com.tw
讀者服務專線	(02)2896-1600
初版一刷	2020年05月
建議售價	新臺幣180元
郵撥帳號	50013371
戶名	財團法人法鼓山文教基金會—法鼓文化
北美經銷處	紐約東初禪寺 Chan Meditation Center (New York, USA) Tel: (718)592-6593 Fax: (718)592-0717

法鼓文化

國家圖書館出版品預行編目資料

佛陀50問 / 法鼓文化編輯部編著. -- 初版.
-- 臺北市 : 法鼓文化, 2020.05
面； 公分
ISBN 978-957-598-845-6（平裝）

1.佛教 2.佛教修持

220 109003142